中华人民共和国
无障碍环境建设法

大字学习版

中国法制出版社
CHINA LEGAL PUBLISHING HOUSE

编辑说明

全民普法是全面依法治国的长期基础性工作。为方便广大读者学习法律法规，中国法制出版社全新编写了"法律法规大字学习版"丛书。在确保法律文本准确的基础上，对法条内容进行了必要的编辑加工，体例新颖，内容翔实，以帮助广大读者学习法律法规，真正让法律走到读者身边、走进读者心里。

本丛书的特点如下：

1. 大字醒目。正文法条内容通过双色印刷、大字号、宽行距等精心设计，版式疏朗，阅读顺畅，致力于为读者带来更佳的阅读体验。

2. 双色标注。对法条以双色、星级及波浪线等形式标注，既能有效消除读者对复杂、烦琐法条的畏难心理，又能帮助读者迅速把握法律法规的脉络。

3. 关联注释。在法条下方标注【相关法条】，方便读者查找翻阅关联内容，举一反三，融会贯通；同时对不易理解的法条，通过【注释】【生活小案例】【典型案例】【小测试】等版块设计，从立法背景、内容要义、实践应用等多维度帮助读者理解，力求帮助读者学懂弄通会用。

4. 实用图表。立足读者实际需求，以图表形式对所收录的法律法规重点内容进行总结提炼，贴近生活，通俗易懂，帮助读者更加直观地理解核心条款。

5. 电子增补。为了帮助读者随时掌握法律法规的最新动态，本丛书将适时进行电子增补，请读者登录中国法制出版社网站 http：//www.zgfzs.com“出版服务”中的“资源下载”频道或者关注我社官方微信公众号“中国法制出版社”免费下载。

中国法制出版社

凡　例

简　称	全　称
残疾人保障法	中华人民共和国残疾人保障法
道路交通安全法	中华人民共和国道路交通安全法
法律援助法	中华人民共和国法律援助法
公共图书馆法	中华人民共和国公共图书馆法
老年人权益保障法	中华人民共和国老年人权益保障法
人民法院法庭规则	中华人民共和国人民法院法庭规则
体育法	中华人民共和国体育法

续表

简称	全称
无障碍环境建设法	中华人民共和国无障碍环境建设法
乡村振兴促进法	中华人民共和国乡村振兴促进法
职业教育法	中华人民共和国职业教育法
著作权法	中华人民共和国著作权法

目　录

中华人民共和国无障碍环境建设法

（2023年6月28日第十四届全国人民代表大会常务委员会第三次会议通过　中华人民共和国主席令第6号公布　自2023年9月1日起施行）

第一章　总　　则

★ **第一条　【立法目的】**① 为了加强无障碍环境建设，保障残疾人、老年人平等、充分、便捷地参与和融入社会生活，促进社会全体人员共享经济社会发展成果，弘扬社会主义核心价值观，根据宪法和有关法律，制定本法。

关联指引

无障碍环境建设是残疾人、老年人等群体权益保障的重要内容，对于促进社会融合和人的全面发展具有重要价

① 本书条文主旨为编者所加，为方便读者检索使用，仅供参考，下同。

值，党和国家一直高度重视。党的十八大以来，以习近平同志为核心的党中央就推动我国人权事业发展、加强残疾人和老年人等群体的权益保障、推进无障碍环境建设，作出一系列决策部署。习近平总书记明确指出："无障碍设施建设问题，是一个国家和社会文明的标志，我们要高度重视"，将无障碍环境建设的重要性提升到新的高度，为我们做好无障碍环境建设工作、开展相应立法指明了方向、提供了遵循。

根据《残疾人保障法》第2条的规定，残疾人是指在心理、生理、人体结构上，某种组织、功能丧失或者不正常，全部或者部分丧失以正常方式从事某种活动能力的人。残疾人包括视力残疾、听力残疾、言语残疾、肢体残疾、智力残疾、精神残疾、多重残疾和其他残疾的人。

根据《老年人权益保障法》第2条的规定，老年人是指60周岁以上的公民。

☞ 相关法条

《残疾人保障法》第2条

《老年人权益保障法》第2条

★★ **第二条　【国家推进无障碍环境建设】** 国家采取措施推进无障碍环境建设，为残疾人、老年人自主安全地通行道路、出入建筑物以及使用其附属设施、搭乘公共交通运输工具，获取、使用和交流信息，获得社会服务等提供便利。

残疾人、老年人之外的其他人有无障碍需求的，可以享受无障碍环境便利。

☞ **相关法条**

《老年人权益保障法》第 62 条

《无障碍环境建设条例》第 2 条

第三条　【工作领导机制】无障碍环境建设应当坚持中国共产党的领导，发挥政府主导作用，调动市场主体积极性，引导社会组织和公众广泛参与，推动全社会共建共治共享。

★★ **第四条　【建设原则】**无障碍环境建设应当与适老化改造相结合，遵循安全便利、实用易行、广泛受益的原则。

典型案例

四川天府新区成都片区人民检察院
督促规范公共基础设施适老化建设行政公益诉讼案①

一、要旨

检察机关针对公交站台、公园等市政公共基础设施适老化建设与老年人需求不相适应的问题，充分发挥行政公益诉讼的督促、协同作用，通过圆桌会议与行政机关共商良策，共同推动公共基础设施适老化建设，切实维护老年人合法权益，助力践行新发展理念的公园城市示范区建设。

二、基本案情

四川天府新区作为公园城市首提地和公园城市建设示范区，近年来吸引了许多老年人前来安居颐养天年。据统计，四川天府新区有60岁及以上老年人口9.1万余人，老年化率约17%。但其辖区内部分公共交通车站、站点、公共交通工具存在未在醒目位置设置老年人等重点人群服务标志、未开辟老年人候乘专区或专座、无障碍通道设置不符合规定以及部分公园适老化座椅不足的问题，给老年人

① 参见最高人民检察院：《最高检发布无障碍环境建设公益诉讼典型案例》，载最高人民检察院网 https://www.spp.gov.cn/xwfbh/wsfbh/202105/t20210514_518136.shtml，最后访问时间：2023年6月25日。

出行带来不便，且存在一定安全隐患，损害了老年人合法权益和社会公共利益。

三、调查和督促履职

2021年3月，四川天府新区成都片区人民检察院（以下简称天府新区检察院）在走访调查中发现，华阳老城区存在部分公共区域适老化设施建设相对滞后的问题。天府新区检察院随即走访了辖区内相关职能部门，全面了解老年人基本情况、对适老化建设的需求以及适老化公共设施建设的初步情况。该院经审查认为，根据《老年人权益保障法》第62条、《四川省老年人权益保障条例》第56条、国务院办公厅《关于制定和实施老年人照顾服务项目的意见》、成都市人民政府办公厅《关于制定和实施老年人照顾服务项目的实施意见》等规定，各级人民政府在制定城乡规划时，应当根据人口老龄化发展趋势、老年人口分布和老年人的特点，统筹考虑适合老年人的公共基础设施、生活服务设施、医疗卫生设施和文化体育设施建设。建设部门应当实施老年人公共交通照顾服务项目，要在公共交通场所、站点和工具进行无障碍设施与改造，在醒目位置设置老年人等重点人群服务标志，开辟老年人候乘专区与专座等。天府新区华阳老城区适老化设施建设滞后问题未满足上述法律法规的标准，也与成都市委市政府提出的“优化老年宜居生活环境设施”的要求存在差距。

2021年4月14日，天府新区检察院正式立案，在辖区内部分社区召开“公益问需”座谈会，与老年人代表召开座谈会，听取老年人意见，向200名老年人发放调查问卷。通过调查了解，发现辖区内部分市政基础设施存在适老化建设滞后问题。随后，该院联合四川天府新区公园城市建设局开展调查，共同对天府新区新建、改建工程适老化建设情况进行调查摸底。针对富民路公交站台建设等11处新建及改建的市政基础设施工程，综合运用发放调查问卷、现场勘验、询问工作人员、录音录像等方式对适老化建设情况进行调查取证。

2021年4月28日，天府新区检察院针对调查走访中发现的公交站台存在在醒目位置未设置老年人等重点人群服务标志、未开辟老年人候乘专区或专座、无障碍通道设置不规范以及在建的河滨拾光公园等部分新建市政基础设施工程存在适老化座椅规划不足等问题，与天府新区公园城市建设局开展公益诉讼诉前磋商。天府新区检察院认为，天府新区公园城市建设局对涉及适老化公共基础设施、生活服务设施、文化体育设施等城乡规划和建设负有监管职责，从服务地方大局和保护老年人权益出发，建议天府新区公园城市建设局对改建和新建工程进行适老化配套设施的调整改造。经双方现场踏勘和沟通，天府新区公园城市建设局采纳了检察机关的建议，双方形成会议纪要，一致同意制定整改方案，将增设适老化设施等问题列入建设规划，在进行全面排查的基础上，依法规范和提升适老化设施的建设水平。目前，天府新区公园城市建设局已经调整了富民路公交站台、河滨拾光公园等工程项目的规划设计，并进行适老化改造建设。

四、典型意义

老年人宜居环境建设，是实现好、维护好、发展好最广大人民群众的根本利益，关乎人文社会内涵与生活品质的提升。本案中，检察机关为保障老年人平等参与公园城市的美好生活，积极维护老年人的合法权益，以诉前磋商的方式，强化检察监督与行政履职协作联动，推动在建、改建、新建工程的功能升级，共同发挥行政机关与检察机关保护老年人合法权益的协同共治合力，实现了双赢多赢共赢的社会效果。

第五条　【与经济发展水平相适应】 无障碍环境建设应当与经济社会发展水平相适应，统筹城镇和农村发展，逐步缩小城乡无障碍环境建设的差距。

☞ **相关法条**

《无障碍环境建设条例》第3条

★ **第六条　【经费保障】**县级以上人民政府应当将无障碍环境建设纳入国民经济和社会发展规划，将所需经费纳入本级预算，建立稳定的经费保障机制。

关联指引

根据《无障碍环境建设条例》第4条的规定，县级以上人民政府负责组织编制无障碍环境建设发展规划并组织实施。编制无障碍环境建设发展规划，应当征求残疾人组织等社会组织的意见。无障碍环境建设发展规划应当纳入国民经济和社会发展规划以及城乡规划。

☞ **相关法条**

《无障碍环境建设条例》第4条

★★ **第七条　【政府职责】**县级以上人民政府应当统筹协调和督促指导有关部门在各自职责范围内做好无障碍环境建设工作。

县级以上人民政府住房和城乡建设、民政、工业和信息化、交通运输、自然资源、文化和旅游、教育、卫生健康等部门应当在各自职责范围内，开展无障碍环境建设工作。

乡镇人民政府、街道办事处应当协助有关部门做好无障碍环境建设工作。

关联指引

根据《乡村振兴促进法》第37条的规定，各级人民政府应当建立政府、村级组织、企业、农民等各方面参与的共建共管共享机制，综合整治农村水系，因地制宜推广卫生厕所和简便易行的垃圾分类，治理农村垃圾和污水，加强乡村无障碍设施建设，鼓励和支持使用清洁能源、可再生能源，持续改善农村人居环境。

根据《无障碍环境建设条例》第5条的规定，国务院住房和城乡建设主管部门负责全国无障碍设施工程建设活动的监督管理工作，会同国务院有关部门制定无障碍设施工程建设标准，并对无障碍设施工程建设的情况进行监督检查。国务院工业和信息化主管部门等有关部门在各自职责范围内，做好无障碍环境建设工作。

典型案例

浙江省检察机关督促规范无障碍环境建设行政公益诉讼系列案①

一、要旨

检察机关积极稳妥拓展公益诉讼案件范围，将无障碍环境建设作为特殊群体权益保障新领域的重点，围绕党中央重大决策部署，对照无障碍环境建设存在的突出问题部署开展专项监督，找准同类违法点和对应责任主体，坚持系统抓、抓系统，结合监督办案总结推广治理经验，依托制度机制巩固深化办案成果。

二、基本案情

2020年1月，浙江省杭州市人民检察院（以下简称杭州市院）在杭州市人大常委会的监督支持下，积极稳妥探索将无障碍环境建设纳入公益诉讼新领域，结合实地踏勘、走访调查发现，全市范围内无障碍环境建设不规范、不均衡、不系统问题较为普遍，涉及交通出行、日常生活、办公办事等多重环境维度，侵犯了残疾人、老年人、儿童、孕妇等特殊群体平等参与社会生活的基本权利，相

① 参见最高人民检察院：《最高检发布无障碍环境建设公益诉讼典型案例》，载最高人民检察院网 https://www.spp.gov.cn/xwfbh/wsfbh/202105/t20210514_518136.shtml，最后访问时间：2023年6月25日。

关职能部门未能依法履职，存在监督管理缺位现象。浙江省人民检察院（以下简称浙江省院）经调研发现，全省同样存在类似问题，损害了社会公共利益。

三、调查和督促履职

（一）杭州市院履职情况

杭州市院在前期调研走访的基础上，于2020年1月印发《关于开展无障碍环境建设检察公益诉讼专项监督行动的实施方案》，在全市部署开展无障碍环境建设检察公益诉讼专项监督。截至2020年底，杭州检察机关共排查发现无障碍环境建设违法点130处，发出行政公益诉讼诉前检察建议36份，督促城管、住建、文广、市监、港航、园文等职能部门依法履行监管职责，加强和规范无障碍环境建设。相关职能部门收到检察建议后，均高度重视，认真进行整改落实，并按期进行了书面回复，检察建议相关违法点全部整改到位。

2020年5月，杭州市院组织召开全市无障碍环境建设检察公益诉讼专项监督座谈会，推动相关职能部门开展行业内部专项排查，促进系统治理。各行业主管部门主动作为、举一反三，除检察建议涉及的违法点外，另有68个公共停车场共计617个无障碍停车位已完成增设或整改，4045处城市主要道路上的盲道障碍物被清除，674处破损、缺失的无障碍设施（不含盲道）恢复正常使用功能，20座人行天桥配套无障碍设施实施改造，客运码头无障碍通道设置率达78%，轮椅配备率达85%，1座县级公共图书馆增设盲人阅读专区，实现“办理一案、治理一片”的监督效果。

2020年10月，杭州市院联合杭州市无障碍环境建设领导小组办公室制定《关于强化检察公益诉讼职能 服务保障无障碍环境建设的十一条意见》，为进一步深化无障碍环境建设检察公益诉讼监督提供制度保障。

（二）浙江省院履职情况

浙江省院全程跟进、指导杭州市检察机关开展无障碍环境建设检察公益诉讼专项监督行动，组织开展专题调研并形成报告，深入分析全省无障碍环境建设存在的主要问题。一是建设管理方面缺乏规范，表现为尚未配置无障碍设施、设施配置不健全、设施功能发挥受限等问题。二是建设进程碎片化问题突出，表现为设施衔接不到位、服务指引不充分、区域发展不平衡等问题。三是监管领域全流程把控不严，表现为建设环节主体责任落空、审核环节行政监管缺失、使用环节维护管养不力等问题。浙江省院认为，相关职能部门无障碍环境设施的规划建设、改造提升和运行维护等监督管理职责缺位情况不是个别现象，在全省各界冲刺筹备2022年杭州亚（残）运会的背景下，有必要在全省范围内开展系统化的专项监督。

2020年7月，在最高检指导下，浙江省院印发公益诉讼检察办案指引，全面梳理无障碍环境建设违法点、部门职责、相关法律法规等，推广杭州市检察机关办案经验，供全省公益诉讼检察部门学习借鉴。2020年9月，浙江省院印发《关于开展无障碍环境建设检察公益诉讼专项监督行动的通知》，决定在全省范围内开展无障碍环境建设检察公益诉讼专项监督行动，重点针对全省58个2022年杭州亚（残）运会比赛场馆及城市相关配套设施开展专项监督。

浙江省院围绕机场、铁路客站等站内站外无障碍环境设施衔接等重点问题自行立案办理，与浙江省住建、交通运输、国资等部门开展磋商，推动相关问题解决。杭州铁路运输检察院开展浙江铁路无障碍环境建设检察公益诉讼专项监督行动，共排查发现232处问题点，立案8件，制发检察建议8份，组织召开问题整改协调会，推动铁路部门将整改资金纳入经费预算，确保整改到位。宁波市鄞州区人民检察院召开公开听证会，推动全区830处不规范无障碍设施引导标识专项治理。金华市金东区人民检察院对辖区范围主干道进行详细排查，发现包括提示盲道设置不规范、盲道引导错误等18大问题、428个问题点，并会同金东区住建、综合执法、文明办、残联等单位召开圆桌会议，共同保障盲人脚下安全。截至2021年3月底，全省检察机关立案办理无障碍环境建设行政公益诉讼案264件，发送检察建议245份。全省11个地市检察院和相关基层院实现无障碍环境公益诉讼案件办理“全覆盖”，推动相关问题的系统治理和有效解决。

2021年3月，浙江省院与浙江省残疾人联合会共同出台《关于建立公益诉讼配合协作机制的意见》，明确对口联系、信息通报、线索移送、办案协作等工作机制，充分发挥检察机关和残疾人联合会专业优势，形成工作合力，促进长效机制建设，共同保护残疾人群体合法权益。

四、典型意义

创造无障碍环境，是保障残疾人等特殊群体平等参与社会生活的重要条件，也事关每个公民有特殊需求时的应急保障，体现社会文明进步和公平正义。浙江省检察机关找准无障碍环境建设与2022年杭州亚（残）运会的切入点与着力点，以专项监督为手段，抓住多发性、普遍性问题长期存在的症结，以系统化专项监督推动系统性治理。同时，联合相关职能部门建立长效机制，切实增强检察监督的整体性、协同性与全面性。针对部分行业垂直管理体制造成的客观监管障碍，由省级检察院指导地方检察机关与专门检察机关形成协同办案的“一体化”格局，提升检察监督合力。

☞ 相关法条

《乡村振兴促进法》第37条

《无障碍环境建设条例》第5条

★ **第八条　【社会团体职责】** 残疾人联合会、老龄协会等组织依照法律、法规以及各自章程，协助各级人民政府及其有关部门做好无障碍环境建设工作。

关联指引

中国残疾人联合会（简称中国残联）成立于1988年3月，是国家法律确认、国务院批准的由残疾人及其亲友和残疾人工作者组成的人民团体，是全国各类残疾人的统一组织。中国残联的宗旨是：弘扬人道主义思想，发展残疾人事业，促进残疾人平等、充分参与社会生活，共享社会物质文化成果。中国残联具有代表、服务、管理三种职能：代表残疾人共同利益，维护残疾人合法权益；团结帮助残疾人，为残疾人服务；履行法律赋予的职责，承担政府委托的任务，管理和发展残疾人事业。中国残联的最高权力机构是全国代表大会，每5年举行一次。全国代表大会闭会期间，由其选举产生的主席团负责贯彻全国代表大会决议，领导全国残联工作。按照国家行政区划设立中国残联各级地方组织，社区居民委员会、村民委员会、残疾人集中的企业事业单位，建立残疾人协会或残疾人小组。

中国老龄协会是伴随着我国人口老龄化程度逐步加深和对积极应对人口老龄化认识逐步深化而发展变化的。自成立至今，中国老龄协会已有40多年历史。2023年，国务院机构改革，将国家卫生健康委员会的组织拟订并协调落实应对人口老龄化政策措施、承担全国老龄工作委员会的具体工作等职责划入民政部。全国老龄工作委员会办公室改设在民政部，强化其综合协调、督促指导、组织推进老龄事业发展职责。中国老龄协会改由民政部代管。依照1996年中央编委印发“三定”方案，中国老龄协会承担三项主要职责任务：对我国老龄事业发展的方针、政策、规划等重大问题和老龄工作中的问题，进行调查研究，提出建议；开展信息交流、咨询服务等与老龄问题有关的社会活动，参与有关国际活动；承办国务院交办的其他事项和有关部门委托的工作。

第九条　【立法征求意见】制定或者修改涉及无障碍环境建设的法律、法规、规章、规划和其他规范性文件，应当征求残疾人、老年人代表以及残疾人联合会、老龄协会等组织的意见。

第十条　【国家鼓励支持无障碍建设】 国家鼓励和支持企业事业单位、社会组织、个人等社会力量，通过捐赠、志愿服务等方式参与无障碍环境建设。

国家支持开展无障碍环境建设工作的国际交流与合作。

第十一条　【表彰和奖励】 对在无障碍环境建设工作中做出显著成绩的单位和个人，按照国家有关规定给予表彰和奖励。

▶▶小测试◀◀ *①

1. 残疾人、老年人之外的其他人有无障碍需求的，可以享受无障碍环境便利。（　　）
2. 无障碍环境建设应当与经济社会发展水平相适应，统筹城镇和农村发展，逐步缩小城乡无障碍环境建设的差距。（　　）
3. （　　）以上人民政府应当统筹协调和督促指导

* 本书小测试依次设置判断、选择、填空三种题型。

① 【答案】1. √。2. √。3. B。4. AB。5. 安全便利；实用易行；广泛受益。6. 残疾人；老年人。7. 捐赠；志愿服务。8. 表彰和奖励。

有关部门在各自职责范围内做好无障碍环境建设工作。

A. 乡级　　B. 县级

C. 市级　　D. 省级

4. （　　）等组织依照法律、法规以及各自章程，协助各级人民政府及其有关部门做好无障碍环境建设工作。

A. 残疾人联合会　　B. 老龄协会

C. 仲裁协会　　D. 民间组织

5. 无障碍环境建设应当与适老化改造相结合，遵循____、____、____的原则。

6. 国家采取措施推进无障碍环境建设，为____、____自主安全地通行道路、出入建筑物以及使用其附属设施、搭乘公共交通运输工具，获取、使用和交流信息，获得社会服务等提供便利。

7. 国家鼓励和支持企业事业单位、社会组织、个人等社会力量，通过____、____等方式参与无障碍环境建设。

8. 对在无障碍环境建设工作中做出显著成绩的单位和个人，按照国家有关规定给予____。

第二章　无障碍设施建设

☆☆ 第十二条　【无障碍设施工程建设】 新建、改建、扩建的居住建筑、居住区、公共建筑、公共场所、交通运输设施、城乡道路等，应当符合无障碍设施工程建设标准。

无障碍设施应当与主体工程同步规划、同步设计、同步施工、同步验收、同步交付使用，并与周边的无障碍设施有效衔接、实现贯通。

无障碍设施应当设置符合标准的无障碍标识，并纳入周边环境或者建筑物内部的引导标识系统。

关联指引

根据《残疾人保障法》第53条的规定，无障碍设施的建设和改造，应当符合残疾人的实际需要。新建、改建和扩建建筑物、道路、交通设施等，应当符合国家有关无障碍设施工程建设标准。各级人民政府和有关部门应当按照国家无障碍设施工程建设规定，逐步推进已建成设施的改造，优先推进与残疾人日常工作、生活密切相关的公共服务设施的改造。对无障碍设施应当及时维修和保护。

根据《老年人权益保障法》第64条的规定，国家制定无障碍设施工程建设标准。新建、改建和扩建道路、公共交通设施、建筑物、居住区等，应当符合国家无障碍设施工程建设标准。各级人民政府和有关部门应当按照国家无障碍设施工程建设标准，优先推进与老年人日常生活密切相关的公共服务设施的改造。无障碍设施的所有人和管理人应当保障无障碍设施正常使用。

典型案例一

浙江省宁波市鄞州区人民检察院督促整治无障碍指引标识行政公益诉讼案①

一、要旨

检察机关围绕无障碍指引标识数量稀少、内容混乱、功能欠缺等不规范问题，通过召开公开听证会、制发诉前检察建议等方式，督促商务部门、综合行政执法部门对不规范的无障碍指引标识进行专项治理，保障特殊群体便捷、有效使用。

① 参见最高人民检察院：《最高检发布无障碍环境建设公益诉讼典型案例》，载最高人民检察院网 https://www.spp.gov.cn/xwfbh/wsfbh/202105/t20210514_518136.shtml，最后访问时间：2023年6月25日。

二、基本案情

近年来，浙江省宁波市鄞州区辖区内公共场所及大型商场无障碍指引标识体系存在诸多不规范问题，残障人士进入公共场所后无法准确、便捷地获取无障碍设施位置，造成出行不便，侵害了特殊群体权益，也损害了社会公共利益。

三、调查和督促履职

2020年3月，浙江省宁波市鄞州区残疾人联合会（以下简称鄞州区残联）向鄞州区人民检察院（以下简称鄞州区院）反映上述问题，鄞州区院经分析研判决定立案，并邀请区残联一起开展调查。经调查查明：鄞州区有2个大中型公共设施和5个大型商场内存在无障碍环境设施引导标识数量缺少、功能欠缺等不规范问题，严重影响无障碍设施正常使用。同时，因无障碍环境设施引导标识不清、出行不便等，残障人士很少外出休闲购物，无障碍设施实际使用率低。鄞州区院认为，鄞州区商务局、区综合行政执法局对案涉无障碍标识负有监管职责，因其未依法履职，导致公共利益受损。

2020年7月27日，鄞州区院召开公开听证会，邀请群众代表、残联代表、行政机关代表、涉案企业代表参会。各方围绕“是否违反法定标准”“行政监管部门是否依法履职”“如何提升无障碍设施运行与维护水平”等问题，全面陈述意见并充分研究，达成由相关职能部门依照法定标准设立无障碍标识体系、确保公共场所无障碍标识设置全覆盖、残联参与对无障碍标识的实用性进行评价等共识。会后，该院制发诉前检察建议，督促区商务局、区综合行政执法局对涉案企业依法治理，并在全区开展无障碍设施专项治理活动。

两单位收到检察建议后，区商务局约谈并责令涉案企业纠正违法行为，指导相关企业提升无障碍设施运维水平；区综合行政执法局迅速进行实地勘察，责令相关企业对42块不规范引导标识进行改造，同时推动全区830块无障碍设施引导标识专项治理。截至2020年9月底，全区主要道路、公共建筑物附近无障碍引导标识已完成全覆盖。

四、典型意义

无障碍标识是供残障人士及其他有特殊需求人群使用的无障碍设施标志及公共信息图形符号，是提升无障碍设施使用效率的服务指引。无障碍标识应当设置在公共设施显著位置，应当清晰指明无障碍设施的走向及位置。当前，我国城市无障碍指引标识有较大改进空间，标识设置的不规范问题降低了特殊群体生活便利性。以检察公益诉讼推动无障碍标识规范化，对维护社会公共利益、推进市域社会治理现代化、提升特殊群体生活幸福指数具有重要意义。本案中，检察机关积极回应特殊群体关切，以公开听证方式督促监管部门开展专项治理，在市域范围形成规范管理使用无障碍标识的共识，取得良好办案效果和社会效果。

典型案例二

北京市延庆区人民检察院
督促整治无障碍设施问题行政公益诉讼案①

一、要旨

检察机关针对辖区内无障碍设施存在的不规范问题，督促多个行政机关积极履职、通力协作，提升无障碍设施规范化、精细化、系统化的管理水平，依法保障残疾人等特殊群体权益。

二、基本案情

城市公厕无障碍设施、无障碍机动车停车位是与残疾人日常生活密切相关的公共服务设施。北京市延庆区部分

① 参见最高人民检察院：《最高检发布无障碍环境建设公益诉讼典型案例》，载最高人民检察院网 https：//www. spp. gov. cn/xwfbh/wsfbh/202105/t20210514_ 518136. shtml，最后访问时间：2023 年 6 月 25 日。

社区的无障碍设施普遍存在不规范、不便利、不实用等问题，相关行政部门未尽到监督管理职责，未有效保障残疾人等特殊群体平等参与社会生活的权利。

三、调查和督促履职

2021年1月，北京市延庆区人民检察院（以下简称延庆区院）按照北京市人民检察院部署开展的“无障碍环境建设公益诉讼专项监督活动”相关要求，结合服务保障北京2022年冬奥会和冬残奥会的筹办举办工作，通过实地测量、谈话询问、现场拍照等方式，对辖区内人流量较大的城市公厕及冬奥会和冬残奥会定点医院、商业中心停车场的无障碍设施进行实地摸排。现查明：城市公厕无障碍设施普遍存在无障碍厕所标志混用、安全抓杆设计不规范、救助呼叫按钮设置超高、挂衣钩高度不合规范等现象；无障碍机动车停车位存在数量不达标、指示标识不清晰、轮椅通道线宽度不足及位置设置不利于残疾人通行等问题，侵害了残疾人等特殊群体合法权益。为提升办案专业化水平，检察机关注重用外脑、借外力，邀请北京市无障碍中心、住建部无障碍专家委员会、北京市无障碍专家委员会的3名无障碍专家，从行业标准、法律规定及政策要求等方面针对发现的问题进行充分论证，为公益诉讼检察监督提供有力的专业支撑。

延庆区院认为，延庆区城市管理委员会（以下简称延庆区城管委）作为城市公厕无障碍设施的监管部门、区交通局作为无障碍机动车停车场的监管部门、儒林街道办作为具有执法权的单位，对无障碍设施存在的问题均未依法全面履行各自职责，致使社会公共利益持续受到侵害。2021年2月24日和3月4日，延庆区院分别向上述三个行政机关制发诉前检察建议，建议其全面履行各自监管职责，严格按照《无障碍设计规范》有关要求，规范无障碍厕所标识、增设垂直抓杆、调低救助呼叫按钮高度；施划无障碍停车位标线、增设数量、合理设置停车位位置等，并由点及面对全区内的无障碍设施进行全面排查，为特殊群体提供更加优质安全、高效便捷的城市服务。同时，延庆区院将检察建议书抄送延庆区残联，建议其为行政机关整改提供行业支持和专业指导，确保无障碍设施达标、实用和便利。

收到检察建议后，各行政机关高度重视、积极履职，迅速组织整改落实。延庆区城管委第一时间与区残联对接，争取技术支持，按照设计规范对涉案公厕进行整改，并对排查出的部分公厕存在的小便器安全抓杆与洗手盆安全抓杆设置不标准问题进行整改。延庆区交通局成立专项工作领导小组推动整改，1个月内对全区经营性停车场进行全覆盖检查，累计出动检查人员18人次，检查车辆9车次，检查停车场42家次，发现问题33项；儒林街道办专题研究整改措施，约谈停车场运营公司负责人，并下达责令整改通知书；延庆区无障碍环境建设专班、区残联相关人员进行现场指导，为各行政机关的整改工作解决技术困难。

2021年5月12日，延庆区院对整改情况进行了跟进监督，邀请专业人士和残障人士作为公益观察员现场查看并实地体验整改后的城市公厕和无障碍停车位。公益观察员通过亲身体验，对整改效果给予高度肯定。延庆区残联为表感谢赠送锦旗："公益诉讼担当有为 让'无障碍'为'无限爱'"。北京市检察机关开展专项监督行动以来，延庆、丰台、大兴、朝阳、门头沟、平谷等6个基层检察院已开展案件办理工作，目前受理案件线索23件，立案23件，发出诉前检察建议17件，取得良好社会效果。

四、典型意义

本案中，检察机关主动担当作为，积极履行公益诉讼检察职能，借助"外脑"优势，提升精准监督水平，督促各行政机关依法履职、齐抓共管，同时以点带面同步开展专项监督，推动区域内同类问题得到全面整治，实现了"无碍"变"有爱"，提升了辖区无障碍设施的规范化、精细化、常态化管理水平，以更加优质的公益诉讼检察产品为北京2022年冬奥会和冬残奥会的筹办举办工作提供有力法治保障。

☞ 相关法条

《残疾人保障法》第53条

《老年人权益保障法》第64条

第十三条 【国家鼓励先进的理念技术】 国家鼓励工程建设、设计、施工等单位采用先进的理念和技术，建设人性化、系统化、智能化并与周边环境相协调的无障碍设施。

第十四条 【建设经费与验收】 工程建设单位应当将无障碍设施建设经费纳入工程建设项目概预算。

工程建设单位不得明示或者暗示设计、施工单位违反无障碍设施工程建设标准；不得擅自将未经验收或者验收不合格的无障碍设施交付使用。

第十五条 【设计与审查】 工程设计单位应当按照无障碍设施工程建设标准进行设计。

依法需要进行施工图设计文件审查的，施工图审查机构应当按照法律、法规和无障碍设施工程建设标准，对无障碍设施设计内容进行审查；不符合有关规定的，不予审查通过。

第十六条　【施工和监理】 工程施工、监理单位应当按照施工图设计文件以及相关标准进行无障碍设施施工和监理。

住房和城乡建设等主管部门对未按照法律、法规和无障碍设施工程建设标准开展无障碍设施验收或者验收不合格的，不予办理竣工验收备案手续。

第十七条　【意见征询和体验试用】 国家鼓励工程建设单位在新建、改建、扩建建设项目的规划、设计和竣工验收等环节，邀请残疾人、老年人代表以及残疾人联合会、老龄协会等组织，参加意见征询和体验试用等活动。

★★ **第十八条　【无障碍设施改造】** 对既有的不符合无障碍设施工程建设标准的居住建筑、居住区、公共建筑、公共场所、交通运输设施、城乡道路等，县级以上人民政府应当根据实际情况，制定有针对性的无障碍设施改造计划并组织实施。

无障碍设施改造由所有权人或者管理人负责。所有权人、管理人和使用人之间约定改造责任的，由约定的责任人负责。

不具备无障碍设施改造条件的，责任人应当采取必要的替代性措施。

关联指引

根据《老年人权益保障法》第82条的规定，涉及老年人的工程不符合国家规定的标准或者无障碍设施所有人、管理人未尽到维护和管理职责的，由有关主管部门责令改正；造成损害的，依法承担民事责任；对有关单位、个人依法给予行政处罚；构成犯罪的，依法追究刑事责任。

根据《无障碍环境建设条例》第12条的规定，县级以上人民政府应当优先推进下列机构、场所的无障碍设施改造：(1) 特殊教育、康复、社会福利等机构；(2) 国家机关的公共服务场所；(3) 文化、体育、医疗卫生等单位的公共服务场所；(4) 交通运输、金融、邮政、商业、旅游等公共服务场所。

☞ **相关法条**

《老年人权益保障法》第82条

《无障碍环境建设条例》第12条

★ **第十九条　【家庭无障碍设施改造】**县级以上人民政府应当支持、指导家庭无障碍设施改造。对符合条件的残疾人、老年人家庭应当给予适当补贴。

居民委员会、村民委员会、居住区管理服务单位以及业主委员会应当支持并配合家庭无障碍设施改造。

关联指引

根据《老年人权益保障法》第65条的规定，国家推动老年宜居社区建设，引导、支持老年宜居住宅的开发，推动和扶持老年人家庭无障碍设施的改造，为老年人创造无障碍居住环境。

☞ **相关法条**

《老年人权益保障法》第65条

第二十条　【就业场所无障碍设施建设】残疾人集中就业单位应当按照有关标准和要求，建设和改造无障碍设施。

国家鼓励和支持用人单位开展就业场所无障碍设施建设和改造，为残疾人职工提供必要的劳动条件和便利。

☆☆ **第二十一条　【配套建设无障碍设施】**新建、改建、扩建公共建筑、公共场所、交通运输设施以及居住区的公共服务设施，应当按照无障碍设施工程建设标准，配套建设无障碍设施；既有的上述建筑、场所和设施不符合无障碍设施工程建设标准的，应当进行必要的改造。

典型案例

福建省晋江市人民检察院
督促执行无障碍设计规范行政公益诉讼案①

一、要旨

检察机关针对市政公共停车场未设置无障碍停车位等行为，通过引入公众参与，形成治理共识，督促协同行政机关采取系列措施落实整改，从设计、施工、维护等各环节严格无障碍环境建设标准。

二、基本案情

2019 年以来，福建省晋江市在辖区主干道道路两旁，新建并投入使用公共停车位 3200 余个，未按照《城市停车规划规范》和《无障碍设计规范》的有关规定配置无障碍机动车停车位，不符合“残疾人专用停车泊位数应不少于停车泊位总数 2%”的国家标准。因未设置无障碍停车位、停车扫码付费缺乏残疾人减免通道，给残障人士出行造成不便，也带来相关安全隐患。

① 参见最高人民检察院：《最高检发布无障碍环境建设公益诉讼典型案例》，载最高人民检察院网 https：//www. spp. gov. cn/xwfbh/wsfbh/202105/t20210514_ 518136. shtml，最后访问时间：2023 年 6 月 25 日。

三、调查和督促履职

福建省晋江市人民检察院（以下简称晋江市院）在开展无障碍环境建设公益诉讼专项监督行动中发现上述线索，遂决定立案调查。通过走访调查、调取证据、查阅资料等方式，查明如下事实：一是市政公共停车场3200余个停车位设置于中心城区主干道两边，占用的是公共道路资源；二是晋江市共有持证残疾人2.9万多名，肢残人1.2万多名，对无障碍停车位需求较大。上述问题已造成残障人士车辆停放于普通车位共计665车次，且存在未扫码付费被贴单锁车现象。2021年4月，因本案涉及部门多，协调难度大，晋江市院主动召集住建、公安、交通等相关部门及残联代表、人大代表、政协委员、专家学者、中心城区市民代表、人民监督员召开圆桌会议，共同研究市政公共停车位无障碍停车整改方案，并取得共识。会后，晋江市院向住建、公安等部门发出诉前检察建议书，督促其依据各自职责，对市政公共停车场无障碍停车位配置进行系统整改。

收到检察建议后，相关职能部门成立了专项整改小组，由住建部门牵头公安、财政、残联等部门，对无障碍停车位进行规划整改。在足额配备无障碍专用停车位的基础上，适当增加特殊教育学校、社保中心、医院等场所的配置比例；选择进出方便且平整的停车位作为无障碍停车位，并设置醒目标识牌、指示牌；为每个无障碍停车位都配置了1.2米宽的无障碍通道，方便残疾人上下车；升级停车扫码收费系统，开通残疾人信息录入通道和无障碍停车位智慧指引功能；加强维护并加大对随意占用无障碍停车位行为的处罚力度。

为推动全市无障碍环境建设工作全面开展，晋江市院在服务保障第18届世界中学生运动会的基础上，深入推进无障碍环境建设公益诉讼专项监督行动，共发现无障碍环境建设检察公益诉讼案件线索14件，向公安、住建等相关职能部门制发诉前检察建议书9份，督促纠正违法点21处，落实了110户残疾人家庭无障碍设施的配置，获评“全国无障碍环境达标市县村镇”。通过联合市文明办、团市委、残联等部门开展“发现身边最美无障碍”活动，为社会了解残障人士提供窗口，让无障碍理念融入日常生活，提升群众对城市无障碍环境建设参与度。目前，对紧急呼叫、重要政务信息无障碍交流等整改工作正在有序推进中。

四、典型意义

一座城市对无障碍环境建设和细节的关注，体现着这座城市的文明程度。城市无障碍设施的规范建设，应当作为保障残疾人等特殊群体平等参与社会生活以及满足公众应急需求的标准配置。检察机关开展无障碍环境建设公益诉讼，除了发现并督促协同行政机关整改纠正现存的违法违规问题，还应变事后监督为事前服务，注重从规划设计源头防范不合格的无障碍设施造成资源浪费、影响使用功能，并推动建立无障碍设施维护和管理的全流程监督机制，打好跟进监督的持久战，切实加强残疾人、老年人等特殊群体权益保护。

★ **第二十二条　【老旧小区改造】** 国家支持城镇老旧小区既有多层住宅加装电梯或者其他无障碍设施，为残疾人、老年人提供便利。

县级以上人民政府及其有关部门应当采取措施、创造条件，并发挥社区基层组织作用，推动既有多层住宅加装电梯或者其他无障碍设施。

房屋所有权人应当弘扬中华民族与邻为善、守望相助等传统美德，加强沟通协商，依法配合既有多层住宅加装电梯或者其他无障碍设施。

★★ **第二十三条　【城市主干路、主要商业区无障碍设施建设】** 新建、改建、扩建和具备改造条件的城市主干路、主要商业区和大型居住区的人行天桥和人行地下通道，应当按照无障碍设施工程建设标准，建设或者改造无障碍设施。

城市主干路、主要商业区等无障碍需求比较集中的区域的人行道，应当按照标准设置盲道；城市中心区、残疾人集中就业单位和集中就读学校周边的人行横道的交通信号设施，应当按照标准安装过街音响提示装置。

典型案例一

贵州省罗甸县人民检察院督促保护残疾人盲道安全行政公益诉讼案①

一、要旨

针对盲道安全监管不力，残疾人交通安全未得到有效保护的问题，检察机关加强与残疾人联合会的协作配合，向行政机关发出诉前检察建议，全程跟进监督，对整改不到位的依法提起行政公益诉讼，以公开听证协同推进问题整改，推动建立多部门齐抓共管长效工作机制。

① 参见最高人民检察院：《残疾人权益保障检察公益诉讼典型案例》，载最高人民检察院网 https：//www.spp.gov.cn/spp/xwfbh/wsfbt/202205/t20220513_556792.shtml#2，最后访问时间：2023 年 6 月 25 日。

二、基本案情

2021年4月，贵州省罗甸县人民检察院（以下简称罗甸县院）在履职中发现，罗甸县城区内东环路、解放中路、河滨路、斛兴路等多个路段上的多处盲道缺失、毁损；拐弯及尽头处未按要求铺设提示砖、盲道与路口衔接处未设置缓坡；部分盲道建设未避开树木、电杆等障碍物；其中两处盲道上还压有配电箱、消防栓等危险物品。盲道建设问题影响了残疾人交通安全，侵害了残疾人合法权益，损害了社会公共利益。

三、调查和督促履职

2021年5月10日，罗甸县院对上述线索依法立案办理，针对辖区内盲道铺设不连续、未避开障碍物、不同砖块混用、被违法占用的问题，全面排查固定证据、查找相关法律法规、厘清盲道监管责任部门职责。罗甸县院认为，根据《道路交通安全法》《残疾人保障法》《无障碍环境建设条例》《贵州省残疾人保障条例》等法律法规规定，罗甸县住房和城乡建设局（以下简称罗甸县住建局）对城区内道路无障碍设施（盲道）负有管理和维护的职责，并于2021年5月20日向罗甸县住建局发出诉前检察建议，建议该局及时对城区的盲道等无障碍设施建设情况进行全面排查，对存在问题积极进行整改，保障残障人士出行安全。2021年7月19日，罗甸县住建局回复称部分路段已整改完毕，部分路段因客观原因暂不能整改，另有部分路段陆续安排整改中，预计2021年8月10日前整改完毕。罗甸县院分别于8月3日、8月11日实地跟进监督，发现东环路、河滨路、商业街等路段均未全面整改。8月13日，罗甸县院发函致罗甸县住建局，要求该局于8月16日前回复最新整改情况。8月25日，罗甸县住建局复函称已对县城内河滨南路、湖滨大道、兴华路等路段盲道进行全面整改，现已整改完毕。2021年9月6日，罗甸县院再次派员到现场勘查，发现东环路、河滨路、斛兴路等路段盲道仍然存在不连续、未避开障碍物、不同砖块混用等问题。同年9月14日，罗甸县院到罗甸县残疾人联合委员会（以下简称罗甸县残联）了解县域内盲人有关情况及盲道设施建设情况，罗甸县残联向罗甸县院提交了《关于县城区盲道建设使用中存在有关问题的建议》。9月15—16日，罗甸县院联合罗甸县残联走访了县城区部分盲人，他们反映盲道上有许多障碍物、许多该铺设提示砖的地方没有铺设和一些地方盲道只铺了部分。9月17日、10月12日，又先后派员到上述路段进行现场勘查，发现盲道存在的问题依然没有整改，社会公共利益仍持续受到侵害。

四、诉讼过程

2021 年 10 月 13 日，经层报贵州省人民检察院审批同意，罗甸县院按照行政诉讼集中管辖规定，向龙里县人民法院提起行政公益诉讼，请求判令：1. 确认罗甸县住建局对辖区内多处盲道缺失、设置不合理等问题未依法全面履行监管职责的行为违法；2. 罗甸县住建局继续采取有效措施对城区内问题盲道依法履行监管职责，保障视障群体的出行安全。

2021 年 11 月 29 日，罗甸县住建局申请延期开庭，表示现已完成 5 条主干道无障碍通道改造，还剩 8 条路段盲道未整改，已制定整改计划逐步推进整改，并致函罗甸县院要求撤回起诉。12 月 3 日，罗甸县院联合县残联就罗甸县住建局履职情况、问题盲道整改效果、是否符合撤回起诉条件等问题进行公开听证，并邀请县人大代表、政协委员、律师代表、行政机关代表、盲人代表参加，听证员及盲人代表对罗甸县住建局采取有效措施对 5 条主干道盲道进行整改予以认可，但认为县城区内有 8 条问题盲道仍未能得到全面整改，残疾人出行交通安全隐患仍然存在，检察机关诉讼请求未能全部实现，不符合撤回起诉条件。

2022 年 3 月 31 日，龙里县人民法院公开开庭审理本案，庭审围绕罗甸县住建局是否已依法全面履职展开辩论。罗甸县住建局辩称，已对主干道盲道问题进行整改，其余路段问题盲道在持续整改中。检察机关认为罗甸县住建局已部分履职，但未全面履职到位，法院完全采纳检察机关意见。于2022年5月9日依法判决：责令被告罗甸县住房和城乡建设局对审理查明的罗甸县城区内仍未整改的8条道路盲道35处问题自本判决生效之日起2个月内整改完毕。罗甸县住建局表示不上诉，正积极整改中。

同时，罗甸县院结合个案办理，与罗甸县残联、罗甸县住建局、罗甸县综合执法局联合会签《关于在残疾人权益保障公益诉讼中加强协作配合实施办法》，从信息共享、线索移送、联席会议、协同协作等方面作了具体规定，形成了对残疾人权益保护合力，从源头上筑牢残疾人权益保护机制。

五、典型意义

盲道建设是城市无障碍建设的重要组成部分，事关残疾人交通出行安全，进而影响残疾人其他权益保障。本案中，检察机关针对行政机关对盲道安全监管不到位的情形，在发出检察建议的同时，加强与当地残联协作配合，持续跟进监督。因行政机关未全面履职整改，依法提起行政公益诉讼，针对诉讼过程中行政机关申请延期开庭、要求撤回起诉的问题，检察机关通过公开听证让第三方参与评价整改效果，对诉讼请求未能全部实现的拒绝撤诉，继续通过诉讼判决督促问题盲道全面整改，建立完善工作机制，以公益诉讼职能作用助力溯源治理。

典型案例二

上海市徐汇区人民检察院督促履行人行天桥无障碍设施建设监管职责行政公益诉讼案①

一、要旨

检察机关以改善人行天桥无障碍环境作为服务特定群体的切入点和着力点，充分发挥检察机关与政府部门之间的桥梁纽带作用，以公益诉讼督促、协同的特有功能，搭建公开听证、诉前磋商的平台，以“我管”促“都管”，合力推动无障碍设施建设。

二、基本案情

2021 年初，上海市人民检察院在听取人大代表意见建议时，有代表提出了关于开展对人行天桥进行适应特定群体改造的建议。其中，徐汇区肇嘉浜路宛平路人行天桥未

① 参见最高人民检察院：《残疾人权益保障检察公益诉讼典型案例》，载最高人民检察院网 https：//www. spp. gov. cn/spp/xwfbh/wsfbt/202205/t20220513_ 556792. shtml#2，最后访问时间：2023 年 6 月 25 日。

设置电梯，现有无障碍环境无法满足老、幼、病、残、孕等特定群体的出行需求。

三、调查和督促履职

上海市人民检察院在听取人大代表意见建议时了解到该线索，遂交办徐汇区人民检察院（以下简称徐汇区院），徐汇区院于2021年4月立案审查，通过实地勘察对全区18座人行天桥中7座应改未改的天桥进行了逐项分析，查摆原因，并向相关行政机关了解改建工程进展情况。其中，肇嘉浜路宛平路天桥地处徐家汇，南侧居民区密集，西北侧有徐家汇公园等城市公共设施，人流量较高。该天桥桥身高达十多米，仅设有步行上下楼梯，无法满足老、幼、病、残、孕等特定群体的出行需求。经查，虽然肇嘉浜路宛平路天桥已列入该区无障碍设施改造计划，但因天桥所在范围内市政管线错综复杂，周边地下有地铁、22万伏高压线及其他各类公用管线，若增设无障碍电梯必须对管线、绿化进行大规模改迁，施工难度大，故该天桥的改建工程迟迟没有进展。

根据《上海市无障碍环境建设与管理办法》第6条第1款规定，住房城乡建设部门负责公共建筑、居住建筑、居住区无障碍设施工程建设活动的监督管理，并会同有关部门对公共建筑、居住建筑、居住区无障碍设施工程的使用状况进行监督检查。因此徐汇区院在全面排查人行天桥的环境、交通和人流现状，系统梳理、研究无障碍环境建设相关法律规定后，与徐汇区建设和管理委员会开展多次诉前磋商，督促多部门协同履职，推动天桥无障碍设施改造进展。2021 年 6 月 2 日，徐汇区院会同区建设和管理委员会召开全市首例无障碍设施检察公益诉讼公开听证会，邀请 3 名市人大代表担任听证员，同时邀请徐汇区市政管理中心和承担天桥设计工作的工程设计研究院参会，共商解决方案。徐汇区民政部门、残疾人联合会代表分别发表了意见。听证员围绕是否存在比加装电梯更优的无障碍通行方案、施工技术难点、推进改造工程需协调解决问题、设施运维的可持续性等问题开展评议。通过与会各方的动态论证，一致认可给人行天桥加装电梯是平衡兼顾桥下市区主干路快速通行与天桥附近人群便捷安全出行两类社会公共利益的最优选择，并最终形成了较为科学合理的“斜挂式升降平台+上下行自动扶梯”改造方案作为磋商结论。同时会议邀请市人大、市残联等 10 余家单位，以及 18 家检察机关公益诉讼部门参与旁听，积极推动全市一类问题的解决。

2021 年 9 月 6 日，肇嘉浜路宛平路人行天桥改造工程取得了初步设计及概算批复，计划于 2022 年竣工。目前，区域绿化和南侧管线基本搬迁，天桥装饰部件和北侧旧楼梯段基本拆除，两侧钢楼梯基础施工均已完成。下一阶段，徐汇区院将针对辖区内3座符合改造条件但存在跨行政区划难点的人行天桥，积极探索与相邻检察机关开展跨行政区划办案，协同两区相关职能部门、企事业单位、社会组织共同推动区域无障碍环境建设。

四、典型意义

探索开展无障碍环境建设公益诉讼，是深入开展党史学习教育，坚持检察为民办实事的生动实践。规范的人行天桥无障碍设施建设，是保障特定群体平等参与社会生活、满足应急需求的标准配置，更是城市形象、品质的亮丽名片。本案中，检察机关认真落实人大代表提出的人行天桥适老性改造建议，通过诉前磋商和检察听证，在释法说理的基础上，推动各方协同履职，以科学论证的方式共同研究人行天桥改造的可行性方案，并以个案办理为契机，探索跨行政区划治理，推动当地行政部门激活创新"试验场"，将无障碍环境建设公益诉讼监督从"散点"到"条线"、从"局部"向"领域"推进，让检察公益诉讼和协同治理的成果更广泛惠及特定群体。

★★ **第二十四条　【无障碍停车位】** 停车场应当按照无障碍设施工程建设标准，设置无障碍停车位，并设置显著标志标识。

无障碍停车位优先供肢体残疾人驾驶或者乘坐的机动车使用。优先使用无障碍停车位的，应当在显著位置放置残疾人车辆专用标志或者提供残疾人证。

在无障碍停车位充足的情况下，其他行动不便的残疾人、老年人、孕妇、婴幼儿等驾驶或者乘坐的机动车也可以使用。

关联指引

根据《无障碍环境建设条例》第 32 条的规定，肢体残疾人驾驶或者乘坐的机动车以外的机动车占用无障碍停车位，影响肢体残疾人使用的，由公安机关交通管理部门责令改正，依法给予处罚。

典型案例

黑龙江省铁路检察机关督促健全铁路旅客车站无障碍设施行政公益诉讼系列案①

一、要旨

铁路检察机关针对沿线火车站无障碍设施不健全，致

① 参见最高人民检察院：《最高检发布无障碍环境建设公益诉讼典型案例》，载最高人民检察院网 https://www.spp.gov.cn/xwfbh/wsfbh/202105/t20210514_518136.shtml，最后访问时间：2023 年 6 月 25 日。

使残障人士、老年人等特殊群体出行困难的突出问题，充分发挥专门检察机关和跨行政区划管辖优势，立足保障安全生产和强化应急管理，统一部署开展区域性专项监督，督促协同相关行政机关、铁路企业依法履职尽责，切实维护特殊群体合法权益，推动精细化、人性化社会治理。

二、基本案情

2021年初，黑龙江省齐齐哈尔铁路运输检察院（以下简称齐齐哈尔铁检院）根据齐齐哈尔市人大常委会交办的线索，对辖区七区九县各火车站无障碍设施建设情况进行摸排并立案办理。黑龙江省人民检察院哈尔滨铁路运输分院（以下简称哈铁分院）举一反三，调查发现省内大部分铁路旅客车站均未设置无障碍停车位或无障碍停车位设置不够，未设置无障碍标识或标识不清，无障碍通道不畅受阻，个别车站存在无障碍停车位对残疾人收费、站台内部未设置无障碍站台等问题，影响残疾人、老年人等特殊群体出行便利，存在一定的安全隐患，损害了社会公共利益。

三、调查和督促履职

2021年3月起，哈铁分院充分发挥一体化办案机制优势，整合两级铁路检察机关公益诉讼检察力量，围绕铁路管辖范围开展了铁路无障碍环境建设检察公益诉讼专项监督工作，对辖区内245个火车站进行全覆盖走访勘查和系统梳理，共计摸排个案、类案线索42件。哈铁分院检察长直接办案，以办理方正县火车站无障碍设施不健全行政公益诉讼案为样本，指导两级铁路检察机关突出办案重点，查清问题成因，依据相关领域的法律法规及行业标准，找准责任主体，消除铁路企业与地方行政机关在火车站无障碍环境建设领域的监督管理盲区，确保监督对象适格、法律依据准确、建议内容合理。

截至目前，黑龙江两级铁路检察机关共针对11个县市区的火车站无障碍设施不健全问题立案11件，并制发诉前检察建议，督促主管建设等行政机关依法履行监管职责，落实无障碍环境建设法律规定和强制标准，及时监督、整改、消除影响特殊群体出行的安全隐患。行政机关收到检察建议后，第一时间与检察机关对接整改。齐齐哈尔铁检院在办案中邀请市、县残联，政府及住建、城管部门共同磋商，通过检察官现场出示证据、释法说理，督促相关行政机关对火车站无障碍设施建设、改进情况加强监管，并由残联提供具体国家标准和监督验收。

2021年4月29日，哈铁分院与黑龙江省残联召开“无障碍建设专项监督行动”座谈会，双方就健全日常联系机制、建立联合调查机制、健全联合监督机制、推动信息共享、联合开展宣传工作、明确责任部门等六个方面达成共识，并随即推动齐齐哈尔、佳木斯、鹤岗、双鸭山等地残联与相关铁路检察院建立协作机制，在办案中邀请残障人士参与整改验收，形成司法监督与社会监督合力。

四、典型意义

铁路检察机关在开展守护美好生活公益诉讼专项活动中，以改善铁路旅客车站的无障碍环境作为服务残疾人、老年人等特殊群体的切入点和着力点，充分发挥铁路检察机关在铁路与地方之间的桥梁纽带作用，积极争取残联等各方面的支持，通过诉前检察建议、圆桌会议等方式，以监督办案推动长效协作机制建设，合力消除火车站无障碍环境建设的监管盲区，努力让火车站成为社会文明窗口，以中国铁路的高质量发展更好地保障特殊群体的高品质生活。

☞ 相关法条

《无障碍环境建设条例》第 32 条

★ 第二十五条 【公共交通运输工具无障碍改造】

新投入运营的民用航空器、客运列车、客运船舶、公共汽电车、城市轨道交通车辆等公共交通运输工具，应当确保一定比例符合无障碍标准。

既有公共交通运输工具具备改造条件的，应当进行无障碍改造，逐步符合无障碍标准的要求；不具备改造条件的，公共交通运输工具的运营单位应当采取必要的替代性措施。

县级以上地方人民政府根据当地情况，逐步建立城市无障碍公交导乘系统，规划配置适量的无障碍出租汽车。

关联指引

根据《残疾人保障法》第57条的规定，国家鼓励和扶持无障碍辅助设备、无障碍交通工具的研制和开发。

根据《铁路旅客车票实名制管理办法》第18条的规定，铁路运输企业应当根据旅客发送量确定车站实名查验通道的开放数量。车站应当设有人工实名查验通道，为老年人、证件无法自动识读、需要使用无障碍通道和其他需要帮助的旅客提供必要的服务。

根据《巡游出租汽车经营服务管理规定》第20条的规定，巡游出租汽车经营者应当为乘客提供安全、便捷、舒适的出租汽车服务。鼓励巡游出租汽车经营者使用节能环保车辆和为残疾人提供服务的无障碍车辆。

☞ 相关法条

《残疾人保障法》第57条

《铁路旅客车票实名制管理办法》第18条

《巡游出租汽车经营服务管理规定》第 20 条

★★ **第二十六条 【所有权人或管理人职责】** 无障碍设施所有权人或者管理人应当对无障碍设施履行以下维护和管理责任，保障无障碍设施功能正常和使用安全：

（一）对损坏的无障碍设施和标识进行维修或者替换；

（二）对需改造的无障碍设施进行改造；

（三）纠正占用无障碍设施的行为；

（四）进行其他必要的维护和保养。

所有权人、管理人和使用人之间有约定的，由约定的责任人负责维护和管理。

关联指引

根据《无障碍环境建设条例》第 17 条的规定，无障碍设施的所有权人和管理人，应当对无障碍设施进行保护，有损毁或者故障及时进行维修，确保无障碍设施正常使用。

根据《民法典》第 281 条的规定，建筑物及其附属设施的维修资金，属于业主共有。经业主共同决定，可以用于电梯、屋顶、外墙、无障碍设施等共有部分的维修、更新和改造。建筑物及其附属设施的维修资金的筹集、使用情况应当定期公布。

典型案例

广东省深圳市宝安区人民检察院督促整治道路无障碍设施行政公益诉讼案①

一、要旨

检察机关针对道路无障碍设施破损致残疾人死亡的突出问题，坚持四级联动，为办案提质增效，督促行政机关迅速完成整改。坚持从个案监督拓展到类案监督、专项监督，推动政府出台立体化整改方案，破解“九龙治水”难题，全面系统治理区域内同类问题，积极维护残疾人等特殊群体的合法权益，提升“先行示范区”城市品质。

二、基本案情

2021年1月，知名残疾公益人士陈某某乘坐电动轮椅车经过广东省深圳市宝安区某路口时，因人行道无障碍设施破损从轮椅摔落，经抢救无效死亡。经调查，宝安区存在多处无障碍设施破损和不符合建设标准的问题，给残障人士造成生活不便及安全隐患，严重损害社会公共利益。

三、调查和督促履职

2021年1月，最高检将上述线索交由广东省人民检察

① 参见最高人民检察院：《最高检发布无障碍环境建设公益诉讼典型案例》，载最高人民检察院网 https：//www. spp. gov. cn/xwfbh/wsfbh/202105/t20210514_ 518136. shtml，最后访问时间：2023年6月25日。

院（以下简称广东省院）调查，广东省院迅速成立专案组，形成由最高检统筹指挥，省市两级检察院实时指导，宝安区人民检察院（以下简称宝安区院）具体办理的一体化办案模式。2021 年 1 月 15 日，宝安区院对事发地快速勘查和调研后，决定立案调查，督促行政机关立即整改。1 月 16 日，深圳市交通局宝安管理局（以下简称宝安交通局）完成事故现场整改，并于 2 月 6 日完成周边 9 个路口的整治工作。

为彻底消除隐患，宝安区院以个案为契机，于 2021 年 1 月中旬在全区部署开展专项监督行动，向宝安交通局、深圳市宝安区住房和建设局等 14 家相关职能部门制发诉前检察建议，督促各职能部门依法对辖区内的无障碍设施进行排查、整改，行政单位收到检察建议后，均积极配合、迅速整改。同时，该院还不定期邀请人大代表、政协委员、公益监督员同步跟进监督。

办案过程中，为提升全区无障碍环境建设，宝安区院积极向宝安区委做专题汇报并获得支持，同时逐一走访相关职能部门，形成全面推动全区无障碍设施改造工程的共识。在检察机关的推动下，2021 年 1 月 19 日，宝安区委区政府组织 22 个相关行政单位召开“宝安区人行道无障碍畅通专项工作联席会议”，出台《宝安区道路无障碍畅通专项行动工作方案（2021—2022年）》等一系列规定，计划至2022年底完成全区无障碍立体化改造工作，全方位改善提升宝安区无障碍环境建设水平。方案实施以来，宝安区已完成新增改设盲道中断、阻断等问题122处，完善盲道592米，改造人行道坡口147处；对全区175个在建工程开展无障碍设施专项整治行动，对43个需建设无障碍设施的在建房屋建筑和市政基础设施工程项目开展专项检查；处罚违规占用盲道等7255件。2021年2月25日，深圳市人民检察院在全市范围内全面开展"深圳市无障碍出行设施专项检察监督"工作，重点关注无障碍出行设施的规划、建设、管理是否符合国家安全标准，是否影响残障人士安全通行等问题。

四、典型意义

本案中，检察机关发挥一体化办案优势，提升监督水平，通过个案办理推动系统综合治理，最大限度地争取当地党委、政府的支持，充分调动各职能部门协同履职的积极性、主动性，填补监管漏洞，激活配套机制，顺畅衔接机制，实现无障碍立体化改造，为推进城市综合治理、服务中国特色社会主义"先行示范区"法治建设大局贡献了检察智慧和检察方案。

☞ **相关法条**

《无障碍环境建设条例》第17条

第二十七条　【临时无障碍设施】因特殊情况设置的临时无障碍设施，应当符合无障碍设施工程建设标准。

第二十八条　【不得擅自改变用途或者非法占用、损坏无障碍设施】任何单位和个人不得擅自改变无障碍设施的用途或者非法占用、损坏无障碍设施。

因特殊情况临时占用无障碍设施的，应当公告并设置护栏、警示标志或者信号设施，同时采取必要的替代性措施。临时占用期满，应当及时恢复原状。

▶▶小测试◀◀①

1. 新建、改建、扩建的居住建筑、居住区、公共建筑、公共场所、交通运输设施、城乡道路等，应当符合无障碍设施工程建设标准。(　　)
2. 国家鼓励工程建设、设计、施工等单位采用先进的

① 【答案】1. √。2. √。3. ×，解析：《无障碍环境建设法》第14条。4. √。5. D。6. C。7. ABCD。8. ABCD。9. 工程施工；监理单位。10. 征询；体验试用。11. 约定的负责人。12. 房屋所有权人。13. 盲道；过街音响提示。14. 无障碍停车位。15. 无障碍公交导乘。16. 擅自改变；非法占用、损坏。

理念和技术，建设人性化、系统化、智能化并与周边环境相协调的无障碍设施。(　　)

3. 工程建设单位不应当将无障碍设施建设经费纳入工程建设项目概预算。(　　)

4. 工程设计单位应当按照无障碍设施工程建设标准进行设计。(　　)

5. 县级以上人民政府应当支持、指导家庭无障碍设施改造。对符合条件的残疾人、老年人家庭应当给予适当（　　）。

A. 补偿　　B. 赔偿

C. 奖励　　D. 补贴

6. 既有的上述建筑、场所和设施不符合无障碍设施工程建设标准的，应当进行必要的（　　）。

A. 改良　　B. 改建

C. 改造　　D. 重建

7. 无障碍设施应当与主体工程（　　）、同步交付使用，并与周边的无障碍设施有效衔接、实现贯通。

A. 同步规划　　B. 同步设计

C. 同步施工　　D. 同步验收

8. 无障碍设施所有权人或者管理人应当对无障碍设施履行下列哪些维护和管理责任，保障无障碍设施功

能正常和使用安全？（　　）

A. 对损坏的无障碍设施和标识进行维修或者替换

B. 对需改造的无障碍设施进行改造

C. 纠正占用无障碍设施的行为

D. 进行其他必要的维护和保养

9. ____、____应当按照施工图设计文件以及相关标准进行无障碍设施施工和监理。

10. 国家鼓励工程建设单位在新建、改建、扩建建设项目的规划、设计和竣工验收等环节，邀请残疾人、老年人代表以及残疾人联合会、老龄协会等组织，参加意见____和____等活动。

11. 无障碍设施改造由所有权人或者管理人负责。所有权人、管理人和使用人之间约定改造责任的，由____负责。

12. ____应当弘扬中华民族与邻为善、守望相助等传统美德，加强沟通协商，依法配合既有多层住宅加装电梯或者其他无障碍设施。

13. 城市主干路、主要商业区等无障碍需求比较集中的区域的人行道，应当按照标准设置____；城市中心区、残疾人集中就业单位和集中就读学校周边的人行横道的交通信号设施，应当按照标准安装____装置。

14. 停车场应当按照无障碍设施工程建设标准，设置____，并设置显著标志标识。

15. 县级以上地方人民政府根据当地情况，逐步建立城市____系统，规划配置适量的无障碍出租汽车。

16. 任何单位和个人不得____无障碍设施的用途或者____无障碍设施。

第三章　无障碍信息交流

第二十九条　【无障碍获取公共信息】 各级人民政府及其有关部门应当为残疾人、老年人获取公共信息提供便利；发布涉及自然灾害、事故灾难、公共卫生事件、社会安全事件等突发事件信息时，条件具备的同步采取语音、大字、盲文、手语等无障碍信息交流方式。

关联指引

根据《残疾人保障法》第52条的规定，国家和社会应当采取措施，逐步完善无障碍设施，推进信息交流无障碍，为残疾人平等参与社会生活创造无障碍环境。各级人民政府应当对无障碍环境建设进行统筹规划，综合协调，加强监督管理。

根据《残疾人保障法》第54条的规定，国家采取措施，为残疾人信息交流无障碍创造条件。各级人民政府和有关部门应当采取措施，为残疾人获取公共信息提供便利。国家和社会研制、开发适合残疾人使用的信息交流技术和产品。国家举办的各类升学考试、职业资格考试和任职考试，有盲人参加的，应当为盲人提供盲文试卷、电子试卷或者由专门的工作人员予以协助。

根据《无障碍环境建设条例》第19条的规定，县级以上人民政府及其有关部门发布重要政府信息和与残疾人相关的信息，应当创造条件为残疾人提供语音和文字提示等信息交流服务。

典型案例一

浙江省杭州市人民检察院督促整治信息无障碍环境行政公益诉讼系列案①

一、要旨

检察机关聚焦残疾人、老年人等特殊群体日常生活中的信息障碍相关高频事项和服务场景，督促协同相关职能部门依法全面履职，保障残疾人、老年人等特殊群体平等、方便、安全地获取、交互、使用信息，多维度助推信息无障碍环境水平提升。

二、基本案情

移动互联网时代，智能化发展在有效提升社会治理与服务效能的同时，残疾人、老年人等特殊群体面临着日益

① 参见最高人民检察院：《最高检发布无障碍环境建设公益诉讼典型案例》，载最高人民检察院网 https：//www. spp. gov. cn/xwfbh/wsfbh/202105/t20210514_ 518136. shtml，最后访问时间：2023年6月25日。

突出的信息障碍问题，涉及出行、办事、文化等日常生活多个维度、多类违法情形。对此，相关职能部门未严格依法履职，侵害了特殊群体合法权益，也损害了社会公共利益。

三、调查和督促履职

2021 年 1 月 14 日，浙江省杭州市人民检察院（以下简称杭州市院）在全市部署开展信息无障碍领域检察公益诉讼专项监督行动，聚焦出行、办事、文化等涉及残疾人、老年人日常生活的高频事项和服务场景中存在的信息无障碍环境建设违法问题，开展重点监督。截至 2021 年 3 月 31 日，全市检察机关通过走访排查、实地踏勘、专家咨询、圆桌会议、公开听证、问卷调查等方式，查明涉案违法点 16 处，涉及 6 个区、县（市）。以行政公益诉讼立案 8 件，涉及医疗急救紧急呼叫系统未具备文字信息报送和文字呼叫功能，县级以上人民政府设立的公共图书馆未配备盲文读物、有声读物、语音读屏等软件设备，盲人通行较为集中的路段人行横道信号灯未设置声响提示装置，残疾人停车优惠无法使用，景点拒收现金等违法情形。杭州市院指导辖区各基层检察院根据《残疾人保障法》《无障碍环境建设条例》等相关规定，向相关区县的文广、市场监管、卫建、公安等职能部门发出诉前检察建议 8 件，督促其依法全面履行监管职责，及时整改违法情形，并启动专项排查。

相关职能部门收到检察建议书后高度重视，积极落实整改。在检察建议推动下，杭州市富阳区图书馆及时完成信息无障碍环境改造，增设盲人阅读专区，配置盲文读物，配备读屏软件、光学放大镜、盲文点显器等相关设备，并启动全区文化、旅游、体育等公共建筑无障碍环境建设功能提升行动；就辖区内盲人通行较为集中的路段增设人行横道信号灯过街音响，并上线全省首个新型智能交互式过街语音提示装置，在为视障群体提供更有针对性的提示服务的同时降低对附近居民造成的噪音干扰。西湖区部分景点升级预约售票服务，增设现金服务窗口，优化志愿帮扶，全方位保障各类游客游览需求。萧山、临安、钱塘新区三地督促更新升级 198 座公共停车场自动收费系统，登记残疾人车辆信息 1243 条，完善政府定价管理停车场停车收费系统定期更新机制，推动残疾人停车优惠政策落地落实。钱塘新区部分社区卫生服务中心改进收费方式，并通过专项摸排在全区各社区卫生服务中心增设老年人优先窗口、人工服务窗口、导医台及志愿者就医指导服务，方便“无码老人”就医需求。建德市医疗急救指挥调度系统增设文字报警和一键呼救定位功能，畅通语言、听力障碍群体生命呼救渠道。其他整改措施仍在进一步推进中。

四、典型意义

信息无障碍是无障碍环境建设的重要组成部分，也是全面建设信息社会、促进社会公平正义的必然要求。检察机关在深入调查研究的基础上，聚焦残疾人、老年人等特殊群体日常生活的高频事项和服务场景中的“数字鸿沟”问题，以专项行动推进系统监督，综合运用圆桌会议、问卷调查、公开听证等方式，督促协同相关职能部门依法履行监管职责，促进出行、办事、文化等公共场所信息无障碍水平提升，助力信息障碍群体与智能社会无障碍。

典型案例二

浙江省建德市人民检察院督促健全120急救调度系统文字报警功能行政公益诉讼案①

一、要旨

120急救调度系统因欠缺文字报警功能，听力障碍、言语障碍人士的自主呼救权益难以保障。检察机关积极履

① 参见最高人民检察院：《残疾人权益保障检察公益诉讼典型案例》，载最高人民检察院网 https://www.spp.gov.cn/spp/xwfbh/wsfbt/202205/t20220513_556792.shtml#2，最后访问时间：2023年6月25日。

行公益诉讼职能，通过公开听证广泛听取意见，协同督促120急救调度系统功能优化，打通特定群体120急救报警渠道，助力信息无障碍环境共建共治共享。

二、基本案情

浙江省建德市医疗急救指挥中心是建德市域内负责医疗急救指挥调度的唯一机构，其使用的指挥调度系统仅具备普通来电、110联动、122联动等电话呼救功能，不具备文字信息报送和文字呼叫功能，无法满足听力障碍、言语障碍人士在紧急情况下的自主呼救需求，损害了社会公共利益。

三、调查和督促履职

2021年1月，浙江省建德市人民检察院（以下简称建德市院）收到群众反映线索，称辖区120急救调度系统仅能够接收电话呼救，对听力障碍、言语障碍群体自主报警造成客观障碍，生命健康安全难以有效保障，遂立案审查。建德市院赴建德市医疗急救指挥中心进行调查核实，查明该中心负责建德市域医疗急救指挥的统一调度工作，日常使用的急救调度系统“安克120院前调度系统V7.0标准版”仅具备普通来电、110联动、122联动等电话呼救功能，不具备文字报警功能，违反了《无障碍环境建设条例》第24条、《浙江省实施〈无障碍环境建设条例〉办法》第17条第4款等规定。建德市卫生健康局（以下简称建德市卫健局）作为辖区医疗服务行业监督管理部门，存在未依法履职情形，致使社会公共利益受到侵害。

2021年1月27日，建德市院针对医疗急救系统增设文字信息报送和文字呼叫功能的必要性与完善路径问题，组织召开公开听证会，邀请残疾人联合会、老年人协会等社会组织代表，卫生、财政等有关职能部门以及人大代表、政协委员、人民监督员、无障碍环境建设专家等参会，各方充分发表意见建议，一致认为，120急救调度系统文字报警功能的建设是保障听力障碍、言语障碍群体及其家属生命健康权益的重要举措，完善医疗急救文字报警系统建设确有必要。听证会结束后，建德市院向建德市卫健局送达诉前检察建议，建议其督促建德市医疗急救指挥中心尽快完善呼救系统相关功能，切实保护特定群体合法权益。

2021年3月20日，建德市卫健局向检察机关作出书面回复，表示已积极联系调度系统设计研发公司完善软件开发，文字报警功能即将上线。同年4月1日，“互联急救”平台正式启动，建德市院邀请人大代表、医疗行业专家、特定群体代表等参与平台运行调试。经验收，“互联急救”目前已具备“一键呼救”的便捷操作功能，并能实时定位注册患者，有效提升调度救援效率，市民亦可通过发送文字内容至指定号码实现文字报警。

在本案办理基础上，浙江省杭州市人民检察院（以下简称杭州市院）指导区县检察机关对辖区其他八个医疗急救指挥中心进行排查，发现指挥调度系统不具备文字报警功能的情形具有普遍性。2021年5月18日，杭州市院与杭州市无障碍环境建设领导小组办公室联合召开协调会，邀请卫健、残联等相关职能部门参加，形成《杭州市一键急救及文字报警系统建设推进会议纪要》，明确由市卫健部门牵头制定全市医疗急救文字报警系统建设完善方案并组织实施。2021年7月9日，杭州市卫生健康委员会下发《关于做好杭州市推进一键急救及文字报警系统建设的通知》，要求各相关区、县（市）卫健部门切实推进医疗急救文字报警系统建设、投入使用及长效管理。截至2021年12月底，全市120急救调度系统均已具备文字报警功能。

四、典型意义

医疗急救等紧急呼叫系统文字报警功能是听力障碍、言语障碍等特定群体的应急保障。检察机关运用"公开听证+检察建议+评估验收"等方式，督促协同有关职能部门推动医疗急救调度系统完善文字报警功能。立足个案开展类案监督，推动全市 120 急救调度系统实现文字报警功能全覆盖，取得“办理一案，治理一片”的社会实效。

☞ **相关法条**

《残疾人保障法》第 52 条、第 54 条

《无障碍环境建设条例》第 19 条

第三十条　【同步字幕与手语节目】 利用财政资金设立的电视台应当在播出电视节目时配备同步字幕，条件具备的每天至少播放一次配播手语的新闻节目，并逐步扩大配播手语的节目范围。

国家鼓励公开出版发行的影视类录像制品、网络视频节目加配字幕、手语或者口述音轨。

★ **第三十一条　【无障碍格式版本】** 国家鼓励公开出版发行的图书、报刊配备有声、大字、盲文、电子等无障碍格式版本，方便残疾人、老年人阅读。

国家鼓励教材编写、出版单位根据不同教育阶段实际，编写、出版盲文版、低视力版教学用书，满足盲人和其他有视力障碍的学生的学习需求。

关联指引

根据《著作权法》第24条的规定，在下列情况下使用作品，可以不经著作权人许可，不向其支付报酬，但应当指明作者姓名或者名称、作品名称，并且不得影响该作品的正常使用，也不得不合理地损害著作权人的合法权益……（12）以阅读障碍者能够感知的无障碍方式向其提供已经发表的作品……

根据《著作权法》第50条的规定，下列情形可以避开技术措施，但不得向他人提供避开技术措施的技术、装置或者部件，不得侵犯权利人依法享有的其他权利……（2）不以营利为目的，以阅读障碍者能够感知的无障碍方式向其提供已经发表的作品，而该作品无法通过正常途径获取……

☞ 相关法条

《著作权法》第24条、第50条

★ **第三十二条　【无障碍网站】** 利用财政资金建立的互联网网站、服务平台、移动互联网应用程序，应当逐步符合无障碍网站设计标准和国家信息无障碍标准。

国家鼓励新闻资讯、社交通讯、生活购物、医疗健康、金融服务、学习教育、交通出行等领域的互联网网站、移动互联网应用程序，逐步符合无障碍网站设计标准和国家信息无障碍标准。

国家鼓励地图导航定位产品逐步完善无障碍设施的标识和无障碍出行路线导航功能。

关联指引

根据《无障碍环境建设条例》第23条的规定，残疾人组织的网站应当达到无障碍网站设计标准，设区的市级以上人民政府网站、政府公益活动网站，应当逐步达到无障碍网站设计标准。

☞ **相关法条**

《无障碍环境建设条例》第23条

★ **第三十三条 【音视频等语音、大字无障碍功能】** 音视频以及多媒体设备、移动智能终端设备、电信终端设备制造者提供的产品，应当逐步具备语音、大字等无障碍功能。

银行、医院、城市轨道交通车站、民用运输机场航站区、客运站、客运码头、大型景区等的自助公共服务终端设备，应当具备语音、大字、盲文等无障碍功能。

关联指引

根据《残疾人保障法》第55条的规定，公共服务机构和公共场所应当创造条件，为残疾人提供语音和文字提示、手语、盲文等信息交流服务，并提供优先服务和辅助性服务。公共交通工具应当逐步达到无障碍设施的要求。有条件的公共停车场应当为残疾人设置专用停车位。

根据《无障碍环境建设条例》第21条的规定，设区的市级以上人民政府设立的电视台应当创造条件，在播出电视节目时配备字幕，每周播放至少一次配播手语的新闻节目。公开出版发行的影视类录像制品应当配备字幕。

根据《无障碍环境建设条例》第24条的规定，公共服务机构和公共场所应当创造条件为残疾人提供语音和文字提示、手语、盲文等信息交流服务，并对工作人员进行无障碍服务技能培训。

☞ 相关法条

《残疾人保障法》第55条

《无障碍环境建设条例》第21条、第24条

第三十四条　【无障碍电信服务】电信业务经营者提供基础电信服务时，应当为残疾人、老年人提供必要的语音、大字信息服务或者人工服务。

第三十五条　【紧急呼叫系统无障碍功能】政务

服务便民热线和报警求助、消防应急、交通事故、医疗急救等紧急呼叫系统，应当逐步具备语音、大字、盲文、一键呼叫等无障碍功能。

★ **第三十六条　【无障碍公共文化服务】** 提供公共文化服务的图书馆、博物馆、文化馆、科技馆等应当考虑残疾人、老年人的特点，积极创造条件，提供适合其需要的文献信息、无障碍设施设备和服务等。

关联指引

根据《公共图书馆法》第 34 条第 2 款的规定，政府设立的公共图书馆应当考虑老年人、残疾人等群体的特点，积极创造条件，提供适合其需要的文献信息、无障碍设施设备和服务等。

根据《无障碍环境建设条例》第 22 条的规定，设区的市级以上人民政府设立的公共图书馆应当开设视力残疾人阅览室，提供盲文读物、有声读物，其他图书馆应当逐步开设视力残疾人阅览室。

☞ 相关法条

《公共图书馆法》第 34 条第 2 款

《无障碍环境建设条例》第 22 条

第三十七条　【无障碍格式版本标签、说明书】 国务院有关部门应当完善药品标签、说明书的管理规范，要求药品生产经营者提供语音、大字、盲文、电子等无障碍格式版本的标签、说明书。

国家鼓励其他商品的生产经营者提供语音、大字、盲文、电子等无障碍格式版本的标签、说明书，方便残疾人、老年人识别和使用。

★ **第三十八条 【手语和盲文】** 国家推广和使用国家通用手语、国家通用盲文。

基本公共服务使用手语、盲文以及各类学校开展手语、盲文教育教学时，应当采用国家通用手语、国家通用盲文。

关联指引

根据《无障碍环境建设条例》第25条的规定，举办听力残疾人集中参加的公共活动，举办单位应当提供字幕或者手语服务。

☞ 相关法条

《无障碍环境建设条例》第25条

▶▶小测试◀◀[①]

1. 各级人民政府及其有关部门应当为残疾人、老年人

① 【答案】1. √。2. √。3. √。4. A。5. ABCD。6. BC。7. 语音；大字；盲文；电子。8. 国家通用手语；国家通用盲文。

获取公共信息提供便利。（　　）

2. 利用财政资金建立的互联网网站、服务平台、移动互联网应用程序，应当逐步符合无障碍网站设计标准和国家信息无障碍标准。（　　）

3. 提供公共文化服务的图书馆、博物馆、文化馆、科技馆等应当考虑残疾人、老年人的特点，积极创造条件，提供适合其需要的文献信息、无障碍设施设备和服务等。（　　）

4. 利用财政资金设立的电视台应当在播出电视节目时配备同步字幕，条件具备的每天至少播放（　　）次配播手语的新闻节目，并逐步扩大配播手语的节目范围。

A. 1　　　B. 2

C. 3　　　D. 4

5. 国家鼓励公开出版发行的图书、报刊配备（　　）等无障碍格式版本，方便残疾人、老年人阅读。

A. 有声　　　B. 大字

C. 盲文　　　D. 电子

6. 音视频以及多媒体设备、移动智能终端设备、电信终端设备制造者提供的产品，应当逐步具备（　　）等无障碍功能。

A. 盲文　　　B. 语音

C. 大字　　　　　　　　D. 电子

7. 国务院有关部门应当完善药品标签、说明书的管理规范，要求药品生产经营者提供_____、_____、_____、_____等无障碍格式版本的标签、说明书。

8. 国家推广和使用_____、_____。

第四章　无障碍社会服务

第三十九条　【公共服务场所无障碍设施】公共服务场所应当配备必要的无障碍设备和辅助器具，标注指引无障碍设施，为残疾人、老年人提供无障碍服务。

公共服务场所涉及医疗健康、社会保障、金融业务、生活缴费等服务事项的，应当保留现场指导、人工办理等传统服务方式。

第四十条　【低位服务台或者无障碍服务窗口】行政服务机构、社区服务机构以及供水、供电、供气、供热等公共服务机构，应当设置低位服务台或者无障碍服务窗口，配备电子信息显示屏、手写板、语音提示等设备，为残疾人、老年人提供无障碍服务。

★★ **第四十一条　【无障碍法律服务】**司法机关、仲裁机构、法律援助机构应当依法为残疾人、老年人参加诉讼、仲裁活动和获得法律援助提供无障碍服务。

国家鼓励律师事务所、公证机构、司法鉴定机构、基层法律服务所等法律服务机构，结合所提供的服务内容提供无障碍服务。

关联指引

根据《法律援助法》第25条第1款的规定，刑事案件的犯罪嫌疑人、被告人属于下列人员之一，没有委托辩护人的，人民法院、人民检察院、公安机关应当通知法律援助机构指派律师担任辩护人：（1）未成年人；（2）视力、听力、言语残疾人；（3）不能完全辨认自己行为的成年人；（4）可能被判处无期徒刑、死刑的人；（5）申请法律援助的死刑复核案件被告人；（6）缺席审判案件的被告人；（7）法律法规规定的其他人员。

根据《法律援助法》第45条的规定，法律援助机构为老年人、残疾人提供法律援助服务的，应当根据实际情况提供无障碍设施设备和服务。法律法规对向特定群体提供法律援助有其他特别规定的，依照其规定。

根据《人民法院法庭规则》第5条的规定，法庭应当设置残疾人无障碍设施；根据需要配备合议庭合议室，检察人员、律师及其他诉讼参与人休息室，被告人羁押室等附属场所。

根据《最高人民法院、中国残疾人联合会关于在审判执行工作中切实维护残疾人合法权益的意见》第18条的规定，完善诉讼无障碍设施及服务。大力推进法院接待场所、审判场所的无障碍设施建设，方便残疾人参加诉讼。积极推进信息交流无障碍环境建设，根据案件情况，允许相关辅助、陪护人员陪同残疾当事人出庭。

☞ **相关法条**

《法律援助法》第 25 条第 1 款、第 45 条

《人民法院法庭规则》第 5 条

《最高人民法院、中国残疾人联合会关于在审判执行工作中切实维护残疾人合法权益的意见》第 18 条

第四十二条　【无障碍交通运输服务】 交通运输设施和公共交通运输工具的运营单位应当根据各类运输方式的服务特点，结合设施设备条件和所提供的服务内容，为残疾人、老年人设置无障碍服务窗口、专用等候区域、绿色通道和优先坐席，提供辅助器具、咨询引导、字幕报站、语音提示、预约定制等无障碍服务。

★ **第四十三条　【无障碍教育服务】** 教育行政部门和教育机构应当加强教育场所的无障碍环境建设，为有残疾的师生、员工提供无障碍服务。

国家举办的教育考试、职业资格考试、技术技能考试、招录招聘考试以及各类学校组织的统一考试，应当为有残疾的考生提供便利服务。

关联指引

根据《职业教育法》第18条的规定，残疾人职业教育除由残疾人教育机构实施外，各级各类职业学校和职业培训机构及其他教育机构应当按照国家有关规定接纳残疾学生，并加强无障碍环境建设，为残疾学生学习、生活提供必要的帮助和便利。国家采取措施，支持残疾人教育机构、职业学校、职业培训机构及其他教育机构开展或者联合开展残疾人职业教育。从事残疾人职业教育的特殊教育教师按照规定享受特殊教育津贴。

根据《无障碍环境建设条例》第20条的规定，国家举办的升学考试、职业资格考试和任职考试，有视力残疾人参加的，应当为视力残疾人提供盲文试卷、电子试卷，或者由工作人员予以协助。

☞ 相关法条

《职业教育法》第18条

《无障碍环境建设条例》第20条

★ **第四十四条 【无障碍医疗服务】** 医疗卫生机构应当结合所提供的服务内容，为残疾人、老年人就医提供便利。

与残疾人、老年人相关的服务机构应当配备无障碍设备，在生活照料、康复护理等方面提供无障碍服务。

关联指引

根据《残疾预防和残疾人康复条例》第19条第1款的规定，康复机构应当具有符合无障碍环境建设要求的服务场所以及与所提供康复服务相适应的专业技术人员、设施设备等条件，建立完善的康复服务管理制度。

☞ **相关法条**

《残疾预防和残疾人康复条例》第19条第1款

☆☆ **第四十五条　【服务场所无障碍服务】**国家鼓励文化、旅游、体育、金融、邮政、电信、交通、商业、餐饮、住宿、物业管理等服务场所结合所提供的服务内容，为残疾人、老年人提供辅助器具、咨询引导等无障碍服务。

国家鼓励邮政、快递企业为行动不便的残疾人、老年人提供上门收寄服务。

关联指引

根据《体育法》第82条第3款的规定，公共体育场地设施的设计和建设，应当符合国家无障碍环境建设要求，有效满足老年人、残疾人等特定群体的无障碍需求。

根据《公共文化体育设施条例》第12条的规定，公共文化体育设施的设计，应当符合实用、安全、科学、美观等要求，并采取无障碍措施，方便残疾人使用。具体设计规范由国务院建设行政主管部门会同国务院文化行政主管部门、体育行政主管部门制定。

根据《银行保险机构消费者权益保护管理办法》第39条的规定，银行保险机构应当充分保障残障人士公平获得金融服务的权利，加快线上渠道无障碍建设，提供更加细致和人性化的服务。有条件的营业网点应当提供无障碍设施和服务，更好满足残障人士日常金融服务需求。

典型案例

江苏省宝应县人民检察院督促规范文物保护单位、英烈纪念设施无障碍环境建设行政公益诉讼案①

一、要旨

文物保护单位、英雄烈士纪念设施未设置无障碍设施，损害了特殊群体参加革命传统教育、爱国主义教育的权利。检察机关充分发挥公益诉讼职能，推动建立多部门

① 参见最高人民检察院：《最高检发布无障碍环境建设公益诉讼典型案例》，载最高人民检察院网 https://www.spp.gov.cn/xwfbh/wsfbh/202105/t20210514_518136.shtml，最后访问时间：2023年6月25日。

协作联动机制，探索符合文物保护要求和残障人士需求的无障碍设施建设最佳方案，维护特殊群体平等参与社会活动的权利。

二、基本案情

江苏省扬州市宝应县内共有不可移动文物点223处，英雄烈士纪念设施23处，其中周恩来少年读书处、宝应朱方伯公家祠、宝应学宫等3处为省级文物保护单位，是扬州市爱国主义教育基地、红色基因传承教育基地。长期以来，7处对外开放的文物保护单位、22处英雄烈士纪念设施均未设置无障碍设施，无法满足残障人士的自主参观需求，损害了社会公共利益。

三、调查和督促履职

2021年3月，宝应县人民检察院（以下简称宝应县院）收到群众反映，县域内个别文物保护单位无障碍设施缺失，造成残疾人不方便参观的问题，经核实后决定立案办理。通过查询资料和实地调查，确定了全县文物保护单位、英雄烈士纪念设施的基本情况、数量和地点，并了解无障碍设施建设情况。宝应县院认为，根据英烈保护、无障碍环境建设等相关法律法规，相关职能部门未依法履行职责。

2021年4月1日，宝应县院分别向县文体广电和旅游局（以下简称文旅局）、退役军人事务局发出诉前检察建议，督促两单位积极依法履行法定职责，全面排查全县文物保护单位、英雄烈士纪念设施等无障碍设施情况，制定具体建设改造方案并有序推进，切实保障特殊群体平等接受革命传统教育、爱国主义教育。

两单位收到检察建议后，成立了专项工作领导小组，并及时制定相应整改方案。县文旅局拟于2021年5月底前，完成开放的7处文物保护单位无障碍设施改造；县退役军人事务局对正在施工的两处英雄烈士纪念设施增设了无障碍卫生间和无障碍坡道，并计划于2021年底前，完成全县所有英雄烈士纪念设施无障碍设施建设改造工作。

4月10日，为论证相关职能部门整改方案的可行性，宝应县院组织召开无障碍设施行政公益诉讼案件公开听证会，邀请人大代表、律师、人民监督员担任听证员，邀请县人大、县委政法委有关负责人以及社会各界群众代表现场观摩，并在听证会后组织座谈交流。4月16日，宝应县院向县委报告该案办理情况，建立多部门联动协作机制，进一步增强推进无障碍设施建设的合力。4月27日，宝应县院联合县文旅局等四部门会签《关于加强文物保护单位（革命文物点）、英雄烈士纪念设施无障碍设施建设实施意见》，进一步细化分解任务，确保建设改造工作高效完成。

四、典型意义

加强文物保护单位、英雄烈士纪念设施无障碍设施建设，对于充分保障残障人士平等参与社会生活，更好地接受革命传统教育、爱国主义教育具有重要意义。本案中，检察机关通过走访有关职能部门和残疾人代表，了解无障碍设施的现状和难点，有效提升诉前检察建议针对性。在诉前检察建议发出后，通过举办听证会、座谈会，与行政机关会签无障碍建设实施办法，邀请残障人士现场体验等方式，及时验收整改情况，评议整改方案，保障整改工作持续有力推进。同时，坚持以人民为中心，积极争取党政部门对公益诉讼工作的支持，推动全县无障碍设施建设，更好保障特殊群体利益，提升城市文明水平，实现了三个效果的有机统一。

☞ 相关法条

《体育法》第 82 条第 3 款

《公共文化体育设施条例》第 12 条

《银行保险机构消费者权益保护管理办法》第 39 条

★ **第四十六条　【服务犬】**公共场所经营管理单位、交通运输设施和公共交通运输工具的运营单位应当为残疾人携带导盲犬、导听犬、辅助犬等服务犬提供便利。

残疾人携带服务犬出入公共场所、使用交通运输设施和公共交通运输工具的，应当遵守国家有关规定，为服务犬佩戴明显识别装备，并采取必要的防护措施。

关联指引

根据《无障碍环境建设条例》第16条的规定，视力残疾人携带导盲犬出入公共场所，应当遵守国家有关规定，公共场所的工作人员应当按照国家有关规定提供无障碍服务。

☞ 相关法条

《无障碍环境建设条例》第16条

《视力残疾旅客携带导盲犬进站乘车若干规定（试行）》

第四十七条　【应急避难场所无障碍服务】应急避难场所的管理人在制定以及实施工作预案时，应当考虑残疾人、老年人的无障碍需求，视情况设置语音、大字、闪光等提示装置，完善无障碍服务功能。

★ **第四十八条　【无障碍选举服务】**组织选举的部门和单位应当采取措施，为残疾人、老年人选民参加投票提供便利和必要协助。

关联指引

根据《残疾人保障法》第56条的规定，组织选举的部门应当为残疾人参加选举提供便利；有条件的，应当为盲人提供盲文选票。

根据《无障碍环境建设条例》第30条的规定，组织选举的部门应当为残疾人参加选举提供便利，为视力残疾人提供盲文选票。

☞ 相关法条

《残疾人保障法》第56条

《无障碍环境建设条例》第30条

第四十九条　【无障碍信息服务平台建设】 国家鼓励和支持无障碍信息服务平台建设，为残疾人、老年人提供远程实时无障碍信息服务。

▶▶小测试◀◀①

1. 公共服务场所应当配备必要的无障碍设备和辅助器具，标注指引无障碍设施，为残疾人、老年人提供无障碍服务。（　　）

① 【答案】1. √。2. √。3. √。4. ABCD。5. ABCD。6. ABC。7. 辅助器具；咨询引导；字幕报站；语音提示；预约定制。8. 生活照料；康复护理。9. 上门收寄。10. 语音；大字；闪光。

2. 行政服务机构、社区服务机构以及供水、供电、供气、供热等公共服务机构，应当设置低位服务台或者无障碍服务窗口，配备电子信息显示屏、手写板、语音提示等设备，为残疾人、老年人提供无障碍服务。（　　）

3. 司法机关、仲裁机构、法律援助机构应当依法为残疾人、老年人参加诉讼、仲裁活动和获得法律援助提供无障碍服务。（　　）

4. 公共服务场所涉及（　　）等服务事项的，应当保留现场指导、人工办理等传统服务方式。

A. 医疗健康　　B. 社会保障

C. 金融业务　　D. 生活缴费

5. 国家鼓励（　　）等法律服务机构，结合所提供的服务内容提供无障碍服务。

A. 律师事务所　　B. 公证机构

C. 司法鉴定机构　　D. 基层法律服务所

6. 公共场所经营管理单位、交通运输设施和公共交通运输工具的运营单位应当为残疾人携带（　　）等服务犬提供便利。

A. 导盲犬　　B. 导听犬

C. 辅助犬　　D. 警犬

7. 交通运输设施和公共交通运输工具的运营单位应当根据各类运输方式的服务特点，结合设施设备条件和所提供的服务内容，为残疾人、老年人设置无障碍服务窗口、专用等候区域、绿色通道和优先坐席，提供____、____、____、____、____等无障碍服务。

8. 与残疾人、老年人相关的服务机构应当配备无障碍设备，在____、____等方面提供无障碍服务。

9. 国家鼓励邮政、快递企业为行动不便的残疾人、老年人提供______服务。

10. 应急避难场所的管理人在制定以及实施工作预案时，应当考虑残疾人、老年人的无障碍需求，视情况设置____、____、____等提示装置，完善无障碍服务功能。

第五章　保障措施

第五十条　【理念宣传】国家开展无障碍环境理念的宣传教育，普及无障碍环境知识，传播无障碍环境文化，提升全社会的无障碍环境意识。

新闻媒体应当积极开展无障碍环境建设方面的公益宣传。

第五十一条　【无障碍环境建设标准体系】国家推广通用设计理念，建立健全国家标准、行业标准、地方标准，鼓励发展具有引领性的团体标准、企业标准，加强标准之间的衔接配合，构建无障碍环境建设标准体系。

地方结合本地实际制定的地方标准不得低于国家标准的相关技术要求。

第五十二条　【制定标准征求意见】制定或者修改涉及无障碍环境建设的标准，应当征求残疾人、老年人代表以及残疾人联合会、老龄协会等组织的意见。残疾人联合会、老龄协会等组织可以依法提出制定或者修改无障碍环境建设标准的建议。

第五十三条　【认证与评测制度】国家建立健全

无障碍设计、设施、产品、服务的认证和无障碍信息的评测制度，并推动结果采信应用。

★ **第五十四条　【科技成果的运用】** 国家通过经费支持、政府采购、税收优惠等方式，促进新科技成果在无障碍环境建设中的运用，鼓励无障碍技术、产品和服务的研发、生产、应用和推广，支持无障碍设施、信息和服务的融合发展。

关联指引

根据《信息技术产品国家通用语言文字使用管理规定》第10条的规定，面向残疾人、老年人的信息技术产品，应当具备语言文字信息无障碍功能。面向少年儿童的信息技术产品，应当符合其身心特点和语言文字学习规律。

☞ **相关法条**

《信息技术产品国家通用语言文字使用管理规定》第10条

第五十五条　【人才培养机制】 国家建立无障碍环境建设相关领域人才培养机制。

国家鼓励高等学校、中等职业学校等开设无障碍环境建设相关专业和课程，开展无障碍环境建设理论研究、国际交流和实践活动。

建筑、交通运输、计算机科学与技术等相关学科专业应当增加无障碍环境建设的教学和实践内容，相关领域职业资格、继续教育以及其他培训的考试内容应当包括无障碍环境建设知识。

第五十六条 【知识与技能培训】 国家鼓励机关、企业事业单位、社会团体以及其他社会组织，对工作人员进行无障碍服务知识与技能培训。

★ **第五十七条 【文明城市等创建活动】** 文明城市、文明村镇、文明单位、文明社区、文明校园等创建活动，应当将无障碍环境建设情况作为重要内容。

关联指引

根据《残疾人教育条例》第50条的规定，新建、改建、扩建各级各类学校应当符合《无障碍环境建设条例》的要求。县级以上地方人民政府及其教育行政部门应当逐步推进各级各类学校无障碍校园环境建设。

☞ 相关法条

《残疾人教育条例》第50条

▶▶小测试◀◀①

1. 新闻媒体应当积极开展无障碍环境建设方面的公益宣传。(　　)

2. 国家推广通用设计理念，建立健全国家标准、行业标准、地方标准，鼓励发展具有引领性的团体标准、企业标准，加强标准之间的衔接配合，构建无障碍环境建设标准体系。(　　)

3. 国家通过（　　）等方式，促进新科技成果在无障碍环境建设中的运用，鼓励无障碍技术、产品和服务的研发、生产、应用和推广，支持无障碍设施、信息和服务的融合发展。

A. 经费支持　　B. 政府采购

C. 税收优惠　　D. 鼓励发展

4. 国家鼓励高等学校、中等职业学校等开设无障碍环境建设相关专业和课程，开展无障碍环境建设（　　）。

A. 理论研究　　B. 国内交流

C. 国际交流　　D. 实践活动

① 【答案】1. √。2. √。3. ABC。4. ACD。5. 设计；设施；产品；服务。6. 文明城市；文明村镇；文明单位；文明社区；文明校园。

5. 国家建立健全无障碍____、____、____、____的认证和无障碍信息的评测制度，并推动结果采信应用。

6. ____、____、____、____、____等创建活动，应当将无障碍环境建设情况作为重要内容。

第六章　监督管理

第五十八条　【监督检查】县级以上人民政府及其有关主管部门依法对无障碍环境建设进行监督检查，根据工作需要开展联合监督检查。

第五十九条　【考核评价制度】国家实施无障碍环境建设目标责任制和考核评价制度。县级以上地方人民政府根据本地区实际，制定具体考核办法。

第六十条　【定期评估】县级以上地方人民政府有关主管部门定期委托第三方机构开展无障碍环境建设评估，并将评估结果向社会公布，接受社会监督。

第六十一条　【信息公示制度】县级以上人民政府建立无障碍环境建设信息公示制度，定期发布无障碍环境建设情况。

第六十二条　【意见和建议】任何组织和个人有权向政府有关主管部门提出加强和改进无障碍环境建设的意见和建议，对违反本法规定的行为进行投诉、举报。县级以上人民政府有关主管部门接到涉及无障碍环境建设的投诉和举报，应当及时处理并予以答复。

残疾人联合会、老龄协会等组织根据需要，可以聘请残疾人、老年人代表以及具有相关专业知识的人员，对无障碍环境建设情况进行监督。

新闻媒体可以对无障碍环境建设情况开展舆论监督。

第六十三条　【公益诉讼】对违反本法规定损害社会公共利益的行为，人民检察院可以提出检察建议或者提起公益诉讼。

典型案例

青海省人民检察院督促维护公共交通领域残疾人权益行政公益诉讼案①

一、要旨

检察机关针对残疾人免费乘坐城市公共交通工具的权益未得到有效保障的问题，采取圆桌会议等方式，加强与有关行政机关、残联和公交企业会商磋商，形成会议纪要确定并落实相关政策，同时推动公交企业加强公交车和公交车站的无障碍设施合法合规管理使用，保障残疾人出行

① 参见最高人民检察院：《最高检发布无障碍环境建设公益诉讼典型案例》，载最高人民检察院网 https：//www. spp. gov. cn/xwfbh/wsfbh/202105/t20210514_ 518136. shtml，最后访问时间：2023 年 6 月 25 日。

便利。

二、基本案情

近年来，青海省残疾人联合会（以下简称残联）多次接到举报反映，称残疾人长期无法享受免费乘坐公交车的优惠政策。自2012年以来，青海省残联、西宁市残联等单位多次与西宁公交集团对接沟通落实残疾人免费乘坐市内公交车事宜，因受多种因素制约和影响，该优惠政策长期未能落地见效。青海省残联、西宁市残联、西宁公交集团等部门每年因此接到大量残疾人投诉，成为长期以来亟待解决而未能解决的“老大难”问题，不仅侵害了残疾人等特殊群体权益，也损害了社会公共利益。

三、调查和督促履职

2021年2月，青海省人民检察院（以下简称青海省院）在立案办理公交卡消费民事公益诉讼案件过程中，发现现役军人、残疾人等特殊群体享有免费乘坐市区公交车的优待、优惠政策，但未有效落实的问题。2021年4月23日，青海省院以行政公益诉讼正式立案。检察人员先后走访青海省民政厅、省残联和西宁市残联，查阅了相关法律法规和政策规定，根据《青海省残疾人保障条例》第40条第2款、《青海省扶助残疾人规定》第44条等规定，青海省残疾人享有免费乘坐城市公共交通工具的优惠权益，但因西宁公交集团相关配套技术措施尚未落实到位，暂未执行该项政策。同时在对西宁市公交车和公交车站的无障碍设施的维护、使用情况进行摸底和排查中发现，一些无障碍设施不符合工程建设标准，需进行升级和改造。

检察人员又走访青海省发改委、西宁市公交集团等单位，多次组织召开落实残疾人免费乘坐公交车优惠政策工作磋商会，认真听取西宁公交集团在落实这项政策过程中存在的困难和问题，共同研究并多次调整实施方案，结合西宁市实际制定残疾人免费乘坐公交车“爱心卡”办理和使用办法；走访省财政厅等单位，就给予西宁公交集团适当补贴等事宜进行衔接沟通，就残疾人免费乘坐公交车相关事宜达成一致共识。

2021年4月30日，青海省院与省残联、西宁市残联、西宁公交集团等单位专门形成会议纪要：1. 持有第二代《中华人民共和国残疾人证》的残疾人，凭有效证件办理“爱心卡”后，可免费乘坐西宁市内公交车；2. 将落实残疾人免费乘坐城市公交车的优惠政策，作为践行党史学习教育，落实“我为群众办实事”要求的具体举措，在5月16日“全国助残日”前完成办理残疾人免费乘车“爱心卡”的各项前期准备工作，结合“全国助残日”活动举办残疾人免费乘车“爱心卡”发放仪式，用3个月时间深入西宁市各个社区为残疾人办理“爱心卡”；3. 积极争取相关单位给予西宁公交集团适当补贴，降低公交企业运行成本；4. 针对西宁市公交车和公交车站一些不符合工程建设标准的无障碍设施，抓紧时间分阶段、分步骤进行升级和改造。同时，青海省院还会同省残联、西宁公交集团对公交车和公交车站的无障碍设施的维护、使用情况进行调研，对不符合无障碍设施工程建设标准的，制订无障碍设施改造计划并组织实施，通过跟进监督，努力保障残疾人自主安全搭乘公共交通工具。

四、典型意义

本案中，青海省院牵头直接办理公益受损面大、社会反映强烈、长期得不到解决、相关部门存在职能交叉的残疾人群体权益保障新领域公益诉讼案件，通过召开磋商会议，充分发挥牵引、协同、沟通、协调作用，督促相关行政机关、社会组织和公交企业消除分歧、增进共识、达成一致，共同制订落实方案，落实残疾人免费乘坐城市公交车优惠政策，推动升级和改造西宁市公交车和公交车站不符合工程建设标准的无障碍设施，促进残疾人共享社会发展成果。同时，积极探索“检察机关—政府部门—社会组织—国有企业”良性互动的新型协作机制，协调、督促政府部门和社会组织积极履行扶残助残责任，积极争取财政补贴资金，降低企业运营成本，服务和保障国有企业健康发展，从更高层面、更广范围、更深层次促进相关社会治理，取得双赢多赢共赢的办案效果。

▶▶小测试◀◀①

1. 县级以上人民政府及其有关主管部门依法对无障碍环境建设进行监督检查，根据工作需要开展联合监督检查。（　　）

2. 国家实施无障碍环境建设目标责任制和考核评价制度。县级以上地方人民政府根据本地区实际，制定具体考核办法。（　　）

3. 县级以上地方人民政府有关主管部门不定期委托第三方机构开展无障碍环境建设评估，并将评估结果向社会公布，接受社会监督。（　　）

4. 县级以上人民政府建立无障碍环境建设信息公示制度，（　　）发布无障碍环境建设情况。

　A. 每日　　B. 每月

　C. 每年　　D. 定期

① 【答案】1. √。2. √。3. ×，解析：《无障碍环境建设法》第60条。4. D。5. AB。6. 残疾人；老年人。7. 提出检察建议。

5. 任何组织和个人有权向政府有关主管部门提出加强和改进无障碍环境建设的意见和建议，对违反《无障碍环境建设法》规定的行为进行（　　）。

A. 投诉　　B. 举报

C. 起诉　　D. 仲裁

6. 残疾人联合会、老龄协会等组织根据需要，可以聘请____、____代表以及具有相关专业知识的人员，对无障碍环境建设情况进行监督。

7. 对违反《无障碍环境建设法》规定损害社会公共利益的行为，人民检察院可以____或者提起公益诉讼。

第七章 法律责任

第六十四条 【违法建设、设计、施工、监理的责任】 工程建设、设计、施工、监理单位未按照本法规定进行建设、设计、施工、监理的，由住房和城乡建设、民政、交通运输等相关主管部门责令限期改正；逾期未改正的，依照相关法律法规的规定进行处罚。

第六十五条 【未依法维护和使用责任】 违反本法规定，有下列情形之一的，由住房和城乡建设、民政、交通运输等相关主管部门责令限期改正；逾期未改正的，对单位处一万元以上三万元以下罚款，对个人处一百元以上五百元以下罚款：

（一）无障碍设施责任人不履行维护和管理职责，无法保障无障碍设施功能正常和使用安全；

（二）设置临时无障碍设施不符合相关规定；

（三）擅自改变无障碍设施的用途或者非法占用、损坏无障碍设施。

第六十六条 【未依法履行无障碍信息交流义务责任】 违反本法规定，不依法履行无障碍信息交流义务的，由网信、工业和信息化、电信、广播电视、新闻出版等相关主管部门责令限期改正；逾期未改正的，予以通报批评。

第六十七条　【未依法提供无障碍信息服务责任】 电信业务经营者不依法提供无障碍信息服务的，由电信主管部门责令限期改正；逾期未改正的，处一万元以上十万元以下罚款。

第六十八条　【未依法提供无障碍社会服务责任】 负有公共服务职责的部门和单位未依法提供无障碍社会服务的，由本级人民政府或者上级主管部门责令限期改正；逾期未改正的，对直接负责的主管人员和其他直接责任人员依法给予处分。

第六十九条　【未依法向有残疾的考生提供便利服务责任】 考试举办者、组织者未依法向有残疾的考生提供便利服务的，由本级人民政府或者上级主管部门予以批评并责令改正；拒不改正的，对直接负责的主管人员和其他直接责任人员依法给予处分。

★ **第七十条　【滥用职权、玩忽职守、徇私舞弊的责任】** 无障碍环境建设相关主管部门、有关组织的工作人员滥用职权、玩忽职守、徇私舞弊的，依法给予处分。

关联指引

根据《无障碍环境建设条例》第34条的规定，无障碍环境建设主管部门工作人员滥用职权、玩忽职守、徇私舞弊的，依法给予处分；构成犯罪的，依法追究刑事责任。

☞ **相关法条**

《无障碍环境建设条例》第34条

★ **第七十一条　【造成人身损害、财产损失的责任】** 违反本法规定，造成人身损害、财产损失的，依法承担民事责任；构成犯罪的，依法追究刑事责任。

关联指引

根据《无障碍环境建设条例》第33条的规定，无障碍设施的所有权人或者管理人对无障碍设施未进行保护或者及时维修，导致无法正常使用的，由有关主管部门责令限期维修；造成使用人人身、财产损害的，无障碍设施的所有权人或者管理人应当承担赔偿责任。

☞ **相关法条**

《无障碍环境建设条例》第33条

▶▶小测试◀◀①

1. 工程建设、设计、施工、监理单位未按照《无障碍环境建设法》规定进行建设、设计、施工、监理的，由住房和城乡建设、民政、交通运输等相关主管部门责令限期改正；逾期未改正的，依照相关法律法规的规定进行处罚。(　　)

2. 违反《无障碍环境建设法》规定，有下列哪些情形之一的，由住房和城乡建设、民政、交通运输等相关主管部门责令限期改正；逾期未改正的，对单位处1万元以上3万元以下罚款，对个人处100元以上500元以下罚款？(　　)

   A. 无障碍设施责任人不履行维护和管理职责，无法保障无障碍设施功能正常和使用安全

   B. 设置临时无障碍设施不符合相关规定

   C. 擅自改变无障碍设施的用途

   D. 非法占用、损坏无障碍设施

3. 电信业务经营者不依法提供无障碍信息服务的，由电信主管部门责令限期改正；逾期未改正的，处

① 【答案】1. √。2. ABCD。3. 1万元以上10万元以下。4. 滥用职权；玩忽职守；徇私舞弊。

_____罚款。

4. 无障碍环境建设相关主管部门、有关组织的工作人员_____、_____、_____的，依法给予处分。

第八章　附　　则

第七十二条　【时效】本法自 2023 年 9 月 1 日起施行。

中华人民共和国残疾人保障法

（1990 年 12 月 28 日第七届全国人民代表大会常务委员会第十七次会议通过 2008 年 4 月 24 日第十一届全国人民代表大会常务委员会第二次会议修订 根据 2018 年 10 月 26 日第十三届全国人民代表大会常务委员会第六次会议《关于修改〈中华人民共和国野生动物保护法〉等十五部法律的决定》修正）

第一章 总 则

第一条 为了维护残疾人的合法权益，发展残疾人事业，保障残疾人平等地充分参与社会生活，共享社会物质文化成果，根据宪法，制定本法。

★ **第二条** 残疾人是指在心理、生理、人体结构上，某种组织、功能丧失或者不正常，全部或者部分丧失以正常方式从事某种活动能力的人。

残疾人包括视力残疾、听力残疾、言语残疾、肢体残疾、智力残疾、精神残疾、多重残疾和其他残疾的人。

残疾标准由国务院规定。

★★ **第三条** 残疾人在政治、经济、文化、社会和家庭生活等方面享有同其他公民平等的权利。

残疾人的公民权利和人格尊严受法律保护。

禁止基于残疾的歧视。禁止侮辱、侵害残疾人。禁止通过大众传播媒介或者其他方式贬低损害残疾人人格。

第四条 国家采取辅助方法和扶持措施，对残疾人给予特别扶助，减轻或者消除残疾影响和外界障碍，保障残疾人权利的实现。

第五条 县级以上人民政府应当将残疾人事业纳入国民经济和社会发展规划，加强领导，综合协调，并将残疾人事业经费列入财政预算，建立稳定的经费保障机制。

国务院制定中国残疾人事业发展纲要，县级以上地方人民政府根据中国残疾人事业发展纲要，制定本行政区域的残疾人事业发展规划和年度计划，使残疾人事业与经济、社会协调发展。

县级以上人民政府负责残疾人工作的机构，负责组织、协调、指导、督促有关部门做好残疾人事业的工作。

各级人民政府和有关部门，应当密切联系残疾人，听取残疾人的意见，按照各自的职责，做好残疾人工作。

第六条 国家采取措施，保障残疾人依照法律规定，通过各种途径和形式，管理国家事务，管理经济和文化事业，管理社会事务。

制定法律、法规、规章和公共政策，对涉及残疾人权益和残疾人事业的重大问题，应当听取残疾人和残疾人组织的意见。

残疾人和残疾人组织有权向各级国家机关提出残疾人权益保障、残疾人事业发展等方面的意见和建议。

第七条 全社会应当发扬人道主义精神，理解、尊重、关心、帮助残疾人，支持残疾人事业。

国家鼓励社会组织和个人为残疾人提供捐助和服务。

国家机关、社会团体、企业事业单位和城乡基层群众性自治组织，应当做好所属范围内的残疾人工作。

从事残疾人工作的国家工作人员和其他人员，应当依法履行职责，努力为残疾人服务。

第八条 中国残疾人联合会及其地方组织，代表残疾人的共同利益，维护残疾人的合法权益，团结教育残疾人，为残疾人服务。

中国残疾人联合会及其地方组织依照法律、法规、章程或者接受政府委托，开展残疾人工作，动员社会力量，发展残疾人事业。

★ **第九条** 残疾人的扶养人必须对残疾人履行扶养义务。

残疾人的监护人必须履行监护职责，尊重被监护人的意愿，维护被监护人的合法权益。

残疾人的亲属、监护人应当鼓励和帮助残疾人增强自立能力。

禁止对残疾人实施家庭暴力，禁止虐待、遗弃残疾人。

第十条 国家鼓励残疾人自尊、自信、自强、自立，为社会主义建设贡献力量。

残疾人应当遵守法律、法规，履行应尽的义务，遵守公共秩序，尊重社会公德。

第十一条 国家有计划地开展残疾预防工作，加强对残疾预防工作的领导，宣传、普及母婴保健和预防残疾的知识，建立健全出生缺陷预防和早期发现、早期治疗机制，针对遗传、疾病、药物、事故、灾害、环境污染和其他致残因素，组织和动员社会力量，采取措施，预防残疾的发生，减轻残疾程度。

国家建立健全残疾人统计调查制度，开展残疾人状况的统计调查和分析。

第十二条 国家和社会对残疾军人、因公致残人员以及其他为维护国家和人民利益致残的人员实行特别保障，给予抚恤和优待。

第十三条 对在社会主义建设中做出显著成绩的残疾人，对维护残疾人合法权益、发展残疾人事业、为残疾人服务做出显著成绩的单位和个人，各级人民政府和有关部门给予表彰和奖励。

★ **第十四条** 每年5月的第三个星期日为全国助残日。

第二章 康 复

第十五条 国家保障残疾人享有康复服务的权利。

各级人民政府和有关部门应当采取措施，为残疾人康复创造条件，建立和完善残疾人康复服务体系，并分阶段实施重点康复项目，帮助残疾人恢复或者补偿功能，增强其参与社会生活的能力。

第十六条 康复工作应当从实际出发，将现代康复技术与我国传统康复技术相结合；以社区康复为基础，康复机构为骨干，残疾人家庭为依托；以实用、易行、受益广的康复内容为重点，优先开展残疾儿童抢救性治疗和康复；发展符合康复要求的科学技术，鼓励自主创新，加强康复新技术的研究、开发和应用，为残疾人提供有效的康复服务。

第十七条 各级人民政府鼓励和扶持社会力量兴办残疾人康复机构。

地方各级人民政府和有关部门，应当组织和指导城乡社区服务组织、医疗预防保健机构、残疾人组织、残疾人家庭和其他社会力量，开展社区康复工作。

残疾人教育机构、福利性单位和其他为残疾人服务的机构，应当创造条件，开展康复训练活动。

残疾人在专业人员的指导和有关工作人员、志愿工作者及亲属的帮助下，应当努力进行功能、自理能力和劳动技能的训练。

第十八条 地方各级人民政府和有关部门应当根

据需要有计划地在医疗机构设立康复医学科室，举办残疾人康复机构，开展康复医疗与训练、人员培训、技术指导、科学研究等工作。

第十九条 医学院校和其他有关院校应当有计划地开设康复课程，设置相关专业，培养各类康复专业人才。

政府和社会采取多种形式对从事康复工作的人员进行技术培训；向残疾人、残疾人亲属、有关工作人员和志愿工作者普及康复知识，传授康复方法。

第二十条 政府有关部门应当组织和扶持残疾人康复器械、辅助器具的研制、生产、供应、维修服务。

第三章 教 育

第二十一条 国家保障残疾人享有平等接受教育的权利。

各级人民政府应当将残疾人教育作为国家教育事业的组成部分，统一规划，加强领导，为残疾人接受教育创造条件。

政府、社会、学校应当采取有效措施，解决残疾儿童、少年就学存在的实际困难，帮助其完成义务教育。

各级人民政府对接受义务教育的残疾学生、贫困残疾人家庭的学生提供免费教科书，并给予寄宿生活费等费用补助；对接受义务教育以外其他教育的残疾学生、贫困残疾人家庭的学生按照国家有关规定给予资助。

第二十二条 残疾人教育，实行普及与提高相结合、以普及为重点的方针，保障义务教育，着重发展职业教育，积极开展学前教育，逐步发展高级中等以上教育。

第二十三条 残疾人教育应当根据残疾人的身心特性和需要，按照下列要求实施：

（一）在进行思想教育、文化教育的同时，加强身心补偿和职业教育；

（二）依据残疾类别和接受能力，采取普通教育方式或者特殊教育方式；

（三）特殊教育的课程设置、教材、教学方法、入学和在校年龄，可以有适度弹性。

第二十四条 县级以上人民政府应当根据残疾人的数量、分布状况和残疾类别等因素，合理设置残疾人教育机构，并鼓励社会力量办学、捐资助学。

★★ **第二十五条**　普通教育机构对具有接受普通教育能力的残疾人实施教育，并为其学习提供便利和帮助。

普通小学、初级中等学校，必须招收能适应其学习生活的残疾儿童、少年入学；普通高级中等学校、中等职业学校和高等学校，必须招收符合国家规定的录取要求的残疾考生入学，不得因其残疾而拒绝招收；拒绝招收的，当事人或者其亲属、监护人可以要求有关部门处理，有关部门应当责令该学校招收。

普通幼儿教育机构应当接收能适应其生活的残疾幼儿。

第二十六条　残疾幼儿教育机构、普通幼儿教育机构附设的残疾儿童班、特殊教育机构的学前班、残疾儿童福利机构、残疾儿童家庭，对残疾儿童实施学前教育。

初级中等以下特殊教育机构和普通教育机构附设的特殊教育班，对不具有接受普通教育能力的残疾儿童、少年实施义务教育。

高级中等以上特殊教育机构、普通教育机构附设的特殊教育班和残疾人职业教育机构，对符合条件的残疾人实施高级中等以上文化教育、职业教育。

提供特殊教育的机构应当具备适合残疾人学习、

康复、生活特点的场所和设施。

第二十七条 政府有关部门、残疾人所在单位和有关社会组织应当对残疾人开展扫除文盲、职业培训、创业培训和其他成人教育，鼓励残疾人自学成才。

第二十八条 国家有计划地举办各级各类特殊教育师范院校、专业，在普通师范院校附设特殊教育班，培养、培训特殊教育师资。普通师范院校开设特殊教育课程或者讲授有关内容，使普通教师掌握必要的特殊教育知识。

特殊教育教师和手语翻译，享受特殊教育津贴。

第二十九条 政府有关部门应当组织和扶持盲文、手语的研究和应用，特殊教育教材的编写和出版，特殊教育教学用具及其他辅助用品的研制、生产和供应。

第四章　劳动就业

第三十条 国家保障残疾人劳动的权利。

各级人民政府应当对残疾人劳动就业统筹规划，为残疾人创造劳动就业条件。

第三十一条 残疾人劳动就业，实行集中与分散相结合的方针，采取优惠政策和扶持保护措施，通过多渠道、多层次、多种形式，使残疾人劳动就业逐步普及、稳定、合理。

第三十二条 政府和社会举办残疾人福利企业、盲人按摩机构和其他福利性单位，集中安排残疾人就业。

★★ **第三十三条** 国家实行按比例安排残疾人就业制度。

国家机关、社会团体、企业事业单位、民办非企业单位应当按照规定的比例安排残疾人就业，并为其选择适当的工种和岗位。达不到规定比例的，按照国家有关规定履行保障残疾人就业义务。国家鼓励用人单位超过规定比例安排残疾人就业。

残疾人就业的具体办法由国务院规定。

第三十四条 国家鼓励和扶持残疾人自主择业、自主创业。

第三十五条 地方各级人民政府和农村基层组织，应当组织和扶持农村残疾人从事种植业、养殖业、手工业和其他形式的生产劳动。

★★ **第三十六条** 国家对安排残疾人就业达到、超过规定比例或者集中安排残疾人就业的用人单位和从事个体经营的残疾人，依法给予税收优惠，并在生产、经营、技术、资金、物资、场地等方面给予扶持。国家对从事个体经营的残疾人，免除行政事业性收费。

县级以上地方人民政府及其有关部门应当确定适合残疾人生产、经营的产品、项目，优先安排残疾人福利性单位生产或者经营，并根据残疾人福利性单位的生产特点确定某些产品由其专产。

政府采购，在同等条件下应当优先购买残疾人福利性单位的产品或者服务。

地方各级人民政府应当开发适合残疾人就业的公益性岗位。

对申请从事个体经营的残疾人，有关部门应当优先核发营业执照。

对从事各类生产劳动的农村残疾人，有关部门应当在生产服务、技术指导、农用物资供应、农副产品购销和信贷等方面，给予帮助。

第三十七条 政府有关部门设立的公共就业服务机构，应当为残疾人免费提供就业服务。

残疾人联合会举办的残疾人就业服务机构，应当组织开展免费的职业指导、职业介绍和职业培训，为残疾人就业和用人单位招用残疾人提供服务和帮助。

第三十八条 国家保护残疾人福利性单位的财产所有权和经营自主权，其合法权益不受侵犯。

在职工的招用、转正、晋级、职称评定、劳动报酬、生活福利、休息休假、社会保险等方面，不得歧视残疾人。

残疾职工所在单位应当根据残疾职工的特点，提供适当的劳动条件和劳动保护，并根据实际需要对劳动场所、劳动设备和生活设施进行改造。

国家采取措施，保障盲人保健和医疗按摩人员从业的合法权益。

第三十九条 残疾职工所在单位应当对残疾职工进行岗位技术培训，提高其劳动技能和技术水平。

第四十条 任何单位和个人不得以暴力、威胁或者非法限制人身自由的手段强迫残疾人劳动。

第五章 文化生活

★ **第四十一条** 国家保障残疾人享有平等参与文化生活的权利。

各级人民政府和有关部门鼓励、帮助残疾人参加各种文化、体育、娱乐活动，积极创造条件，丰富残疾人精神文化生活。

第四十二条 残疾人文化、体育、娱乐活动应当面向基层，融于社会公共文化生活，适应各类残疾人的不同特点和需要，使残疾人广泛参与。

第四十三条 政府和社会采取下列措施，丰富残疾人的精神文化生活：

（一）通过广播、电影、电视、报刊、图书、网络等形式，及时宣传报道残疾人的工作、生活等情况，为残疾人服务；

（二）组织和扶持盲文读物、盲人有声读物及其他残疾人读物的编写和出版，根据盲人的实际需要，在公共图书馆设立盲文读物、盲人有声读物图书室；

（三）开办电视手语节目，开办残疾人专题广播栏目，推进电视栏目、影视作品加配字幕、解说；

（四）组织和扶持残疾人开展群众性文化、体育、娱乐活动，举办特殊艺术演出和残疾人体育运动会，参加国际性比赛和交流；

（五）文化、体育、娱乐和其他公共活动场所，为残疾人提供方便和照顾。有计划地兴办残疾人活动场所。

第四十四条 政府和社会鼓励、帮助残疾人从事文学、艺术、教育、科学、技术和其他有益于人民的创造性劳动。

第四十五条 政府和社会促进残疾人与其他公民之间的相互理解和交流，宣传残疾人事业和扶助残疾人的事迹，弘扬残疾人自强不息的精神，倡导团结、友爱、互助的社会风尚。

第六章 社会保障

第四十六条 国家保障残疾人享有各项社会保障的权利。

政府和社会采取措施，完善对残疾人的社会保障，保障和改善残疾人的生活。

★ **第四十七条** 残疾人及其所在单位应当按照国家有关规定参加社会保险。

残疾人所在城乡基层群众性自治组织、残疾人家庭，应当鼓励、帮助残疾人参加社会保险。

对生活确有困难的残疾人，按照国家有关规定给予社会保险补贴。

★ **第四十八条** 各级人民政府对生活确有困难的残

疾人，通过多种渠道给予生活、教育、住房和其他社会救助。

县级以上地方人民政府对享受最低生活保障待遇后生活仍有特别困难的残疾人家庭，应当采取其他措施保障其基本生活。

各级人民政府对贫困残疾人的基本医疗、康复服务、必要的辅助器具的配置和更换，应当按照规定给予救助。

对生活不能自理的残疾人，地方各级人民政府应当根据情况给予护理补贴。

★★ **第四十九条** 地方各级人民政府对无劳动能力、无扶养人或者扶养人不具有扶养能力、无生活来源的残疾人，按照规定予以供养。

国家鼓励和扶持社会力量举办残疾人供养、托养机构。

残疾人供养、托养机构及其工作人员不得侮辱、虐待、遗弃残疾人。

★★ **第五十条** 县级以上人民政府对残疾人搭乘公共交通工具，应当根据实际情况给予便利和优惠。残疾人可以免费携带随身必备的辅助器具。

盲人持有效证件免费乘坐市内公共汽车、电车、地铁、渡船等公共交通工具。盲人读物邮件免费寄递。

国家鼓励和支持提供电信、广播电视服务的单位对盲人、听力残疾人、言语残疾人给予优惠。

各级人民政府应当逐步增加对残疾人的其他照顾和扶助。

第五十一条 政府有关部门和残疾人组织应当建立和完善社会各界为残疾人捐助和服务的渠道，鼓励和支持发展残疾人慈善事业，开展志愿者助残等公益活动。

第七章 无障碍环境

第五十二条 国家和社会应当采取措施，逐步完善无障碍设施，推进信息交流无障碍，为残疾人平等参与社会生活创造无障碍环境。

各级人民政府应当对无障碍环境建设进行统筹规划，综合协调，加强监督管理。

★★ **第五十三条** 无障碍设施的建设和改造，应当符合残疾人的实际需要。

新建、改建和扩建建筑物、道路、交通设施等，应当符合国家有关无障碍设施工程建设标准。

各级人民政府和有关部门应当按照国家无障碍设施工程建设规定，逐步推进已建成设施的改造，优先推进与残疾人日常工作、生活密切相关的公共服务设施的改造。

对无障碍设施应当及时维修和保护。

★★ **第五十四条** 国家采取措施，为残疾人信息交流无障碍创造条件。

各级人民政府和有关部门应当采取措施，为残疾人获取公共信息提供便利。

国家和社会研制、开发适合残疾人使用的信息交流技术和产品。

国家举办的各类升学考试、职业资格考试和任职考试，有盲人参加的，应当为盲人提供盲文试卷、电子试卷或者由专门的工作人员予以协助。

第五十五条 公共服务机构和公共场所应当创造条件，为残疾人提供语音和文字提示、手语、盲文等信息交流服务，并提供优先服务和辅助性服务。

公共交通工具应当逐步达到无障碍设施的要求。有条件的公共停车场应当为残疾人设置专用停车位。

★ **第五十六条** 组织选举的部门应当为残疾人参加选举提供便利；有条件的，应当为盲人提供盲文选票。

第五十七条 国家鼓励和扶持无障碍辅助设备、无障碍交通工具的研制和开发。

第五十八条 盲人携带导盲犬出入公共场所，应当遵守国家有关规定。

第八章 法律责任

第五十九条 残疾人的合法权益受到侵害的，可以向残疾人组织投诉，残疾人组织应当维护残疾人的合法权益，有权要求有关部门或者单位查处。有关部门或者单位应当依法查处，并予以答复。

残疾人组织对残疾人通过诉讼维护其合法权益需要帮助的，应当给予支持。

残疾人组织对侵害特定残疾人群体利益的行为，有权要求有关部门依法查处。

★ **第六十条** 残疾人的合法权益受到侵害的，有权要求有关部门依法处理，或者依法向仲裁机构申请仲裁，或者依法向人民法院提起诉讼。

对有经济困难或者其他原因确需法律援助或者司法救助的残疾人，当地法律援助机构或者人民法院应当给予帮助，依法为其提供法律援助或者司法救助。

第六十一条 违反本法规定，对侵害残疾人权益行为的申诉、控告、检举，推诿、拖延、压制不予查处，或者对提出申诉、控告、检举的人进行打击报复的，由其所在单位、主管部门或者上级机关责令改正，并依法对直接负责的主管人员和其他直接责任人员给予处分。

国家工作人员未依法履行职责，对侵害残疾人权益的行为未及时制止或者未给予受害残疾人必要帮助，造成严重后果的，由其所在单位或者上级机关依法对直接负责的主管人员和其他直接责任人员给予处分。

第六十二条 违反本法规定，通过大众传播媒介或者其他方式贬低损害残疾人人格的，由文化、广播电视、电影、新闻出版或者其他有关主管部门依据各自的职权责令改正，并依法给予行政处罚。

第六十三条 违反本法规定，有关教育机构拒不接收残疾学生入学，或者在国家规定的录取要求以外附加条件限制残疾学生就学的，由有关主管部门责令改正，并依法对直接负责的主管人员和其他直接责任人员给予处分。

第六十四条 违反本法规定，在职工的招用等方面歧视残疾人的，由有关主管部门责令改正；残疾人劳动者可以依法向人民法院提起诉讼。

第六十五条 违反本法规定，供养、托养机构及其工作人员侮辱、虐待、遗弃残疾人的，对直接负责的主管人员和其他直接责任人员依法给予处分；构成违反治安管理行为的，依法给予行政处罚。

★ **第六十六条** 违反本法规定，新建、改建和扩建建筑物、道路、交通设施，不符合国家有关无障碍设施工程建设标准，或者对无障碍设施未进行及时维修和保护造成后果的，由有关主管部门依法处理。

第六十七条 违反本法规定，侵害残疾人的合法权益，其他法律、法规规定行政处罚的，从其规定；造成财产损失或者其他损害的，依法承担民事责任；构成犯罪的，依法追究刑事责任。

第九章 附 则

第六十八条 本法自2008年7月1日起施行。

中华人民共和国老年人权益保障法

（1996 年 8 月 29 日第八届全国人民代表大会常务委员会第二十一次会议通过　根据 2009 年 8 月 27 日第十一届全国人民代表大会常务委员会第十次会议《关于修改部分法律的决定》第一次修正　2012 年 12 月 28 日第十一届全国人民代表大会常务委员会第三十次会议修订　根据 2015 年 4 月 24 日第十二届全国人民代表大会常务委员会第十四次会议《关于修改〈中华人民共和国电力法〉等六部法律的决定》第二次修正　根据 2018 年 12 月 29 日第十三届全国人民代表大会常务委员会第七次会议《关于修改〈中华人民共和国劳动法〉等七部法律的决定》第三次修正）

第一章　总　　则

第一条　为了保障老年人合法权益，发展老龄事业，弘扬中华民族敬老、养老、助老的美德，根据宪法，制定本法。

★★ **第二条** 本法所称老年人是指六十周岁以上的公民。

★★ **第三条** 国家保障老年人依法享有的权益。

老年人有从国家和社会获得物质帮助的权利，有享受社会服务和社会优待的权利，有参与社会发展和共享发展成果的权利。

禁止歧视、侮辱、虐待或者遗弃老年人。

第四条 积极应对人口老龄化是国家的一项长期战略任务。

国家和社会应当采取措施，健全保障老年人权益的各项制度，逐步改善保障老年人生活、健康、安全以及参与社会发展的条件，实现老有所养、老有所医、老有所为、老有所学、老有所乐。

第五条 国家建立多层次的社会保障体系，逐步提高对老年人的保障水平。

国家建立和完善以居家为基础、社区为依托、机构为支撑的社会养老服务体系。

倡导全社会优待老年人。

第六条 各级人民政府应当将老龄事业纳入国民经济和社会发展规划，将老龄事业经费列入财政预算，建立稳定的经费保障机制，并鼓励社会各方面投入，使老龄事业与经济、社会协调发展。

国务院制定国家老龄事业发展规划。县级以上地方人民政府根据国家老龄事业发展规划，制定本行政区域的老龄事业发展规划和年度计划。

县级以上人民政府负责老龄工作的机构，负责组织、协调、指导、督促有关部门做好老年人权益保障工作。

第七条 保障老年人合法权益是全社会的共同责任。

国家机关、社会团体、企业事业单位和其他组织应当按照各自职责，做好老年人权益保障工作。

基层群众性自治组织和依法设立的老年人组织应当反映老年人的要求，维护老年人合法权益，为老年人服务。

提倡、鼓励义务为老年人服务。

第八条 国家进行人口老龄化国情教育，增强全社会积极应对人口老龄化意识。

全社会应当广泛开展敬老、养老、助老宣传教育活动，树立尊重、关心、帮助老年人的社会风尚。

青少年组织、学校和幼儿园应当对青少年和儿童进行敬老、养老、助老的道德教育和维护老年人合法权益的法制教育。

广播、电影、电视、报刊、网络等应当反映老年人的生活，开展维护老年人合法权益的宣传，为老年人服务。

第九条 国家支持老龄科学研究，建立老年人状况统计调查和发布制度。

第十条 各级人民政府和有关部门对维护老年人合法权益和敬老、养老、助老成绩显著的组织、家庭或者个人，对参与社会发展做出突出贡献的老年人，按照国家有关规定给予表彰或者奖励。

第十一条 老年人应当遵纪守法，履行法律规定的义务。

★ **第十二条** 每年农历九月初九为老年节。

第二章 家庭赡养与扶养

第十三条 老年人养老以居家为基础，家庭成员应当尊重、关心和照料老年人。

★ **第十四条** 赡养人应当履行对老年人经济上供养、生活上照料和精神上慰藉的义务，照顾老年人的特殊需要。

赡养人是指老年人的子女以及其他依法负有赡养义务的人。

赡养人的配偶应当协助赡养人履行赡养义务。

★ **第十五条** 赡养人应当使患病的老年人及时得到治疗和护理；对经济困难的老年人，应当提供医疗费用。

对生活不能自理的老年人，赡养人应当承担照料责任；不能亲自照料的，可以按照老年人的意愿委托他人或者养老机构等照料。

★ **第十六条** 赡养人应当妥善安排老年人的住房，不得强迫老年人居住或者迁居条件低劣的房屋。

老年人自有的或者承租的住房，子女或者其他亲属不得侵占，不得擅自改变产权关系或者租赁关系。

老年人自有的住房，赡养人有维修的义务。

第十七条 赡养人有义务耕种或者委托他人耕种老年人承包的田地，照管或者委托他人照管老年人的林木和牲畜等，收益归老年人所有。

第十八条 家庭成员应当关心老年人的精神需求，不得忽视、冷落老年人。

与老年人分开居住的家庭成员，应当经常看望或者问候老年人。

用人单位应当按照国家有关规定保障赡养人探亲休假的权利。

★★ **第十九条** 赡养人不得以放弃继承权或者其他理由，拒绝履行赡养义务。

赡养人不履行赡养义务，老年人有要求赡养人付给赡养费等权利。

赡养人不得要求老年人承担力不能及的劳动。

第二十条 经老年人同意，赡养人之间可以就履行赡养义务签订协议。赡养协议的内容不得违反法律的规定和老年人的意愿。

基层群众性自治组织、老年人组织或者赡养人所在单位监督协议的履行。

第二十一条 老年人的婚姻自由受法律保护。子女或者其他亲属不得干涉老年人离婚、再婚及婚后的生活。

赡养人的赡养义务不因老年人的婚姻关系变化而消除。

★ **第二十二条** 老年人对个人的财产，依法享有占有、使用、收益和处分的权利，子女或者其他亲属不得干涉，不得以窃取、骗取、强行索取等方式侵犯老年人的财产权益。

老年人有依法继承父母、配偶、子女或者其他亲属遗产的权利，有接受赠与的权利。子女或者其他亲属不得侵占、抢夺、转移、隐匿或者损毁应当由老年人继承或者接受赠与的财产。

老年人以遗嘱处分财产，应当依法为老年配偶保留必要的份额。

第二十三条 老年人与配偶有相互扶养的义务。

由兄、姐扶养的弟、妹成年后，有负担能力的，对年老无赡养人的兄、姐有扶养的义务。

第二十四条 赡养人、扶养人不履行赡养、扶养义务的，基层群众性自治组织、老年人组织或者赡养人、扶养人所在单位应当督促其履行。

★ **第二十五条** 禁止对老年人实施家庭暴力。

第二十六条 具备完全民事行为能力的老年人，可以在近亲属或者其他与自己关系密切、愿意承担监护责任的个人、组织中协商确定自己的监护人。监护人在老年人丧失或者部分丧失民事行为能力时，依法承担监护责任。

老年人未事先确定监护人的，其丧失或者部分丧失民事行为能力时，依照有关法律的规定确定监护人。

第二十七条 国家建立健全家庭养老支持政策，鼓励家庭成员与老年人共同生活或者就近居住，为老年人随配偶或者赡养人迁徙提供条件，为家庭成员照料老年人提供帮助。

第三章 社会保障

第二十八条 国家通过基本养老保险制度，保障老年人的基本生活。

第二十九条 国家通过基本医疗保险制度，保障老年人的基本医疗需要。享受最低生活保障的老年人和符合条件的低收入家庭中的老年人参加新型农村合作医疗和城镇居民基本医疗保险所需个人缴费部分，由政府给予补贴。

有关部门制定医疗保险办法，应当对老年人给予照顾。

★ **第三十条** 国家逐步开展长期护理保障工作，保障老年人的护理需求。

对生活长期不能自理、经济困难的老年人，地方各级人民政府应当根据其失能程度等情况给予护理补贴。

第三十一条 国家对经济困难的老年人给予基本

生活、医疗、居住或者其他救助。

老年人无劳动能力、无生活来源、无赡养人和扶养人，或者其赡养人和扶养人确无赡养能力或者扶养能力的，由地方各级人民政府依照有关规定给予供养或者救助。

对流浪乞讨、遭受遗弃等生活无着的老年人，由地方各级人民政府依照有关规定给予救助。

第三十二条 地方各级人民政府在实施廉租住房、公共租赁住房等住房保障制度或者进行危旧房屋改造时，应当优先照顾符合条件的老年人。

第三十三条 国家建立和完善老年人福利制度，根据经济社会发展水平和老年人的实际需要，增加老年人的社会福利。

国家鼓励地方建立八十周岁以上低收入老年人高龄津贴制度。

国家建立和完善计划生育家庭老年人扶助制度。

农村可以将未承包的集体所有的部分土地、山林、水面、滩涂等作为养老基地，收益供老年人养老。

第三十四条 老年人依法享有的养老金、医疗待遇和其他待遇应当得到保障，有关机构必须按时足额支付，不得克扣、拖欠或者挪用。

国家根据经济发展以及职工平均工资增长、物价上涨等情况，适时提高养老保障水平。

第三十五条 国家鼓励慈善组织以及其他组织和个人为老年人提供物质帮助。

第三十六条 老年人可以与集体经济组织、基层群众性自治组织、养老机构等组织或者个人签订遗赠扶养协议或者其他扶助协议。

负有扶养义务的组织或者个人按照遗赠扶养协议，承担该老年人生养死葬的义务，享有受遗赠的权利。

第四章 社会服务

第三十七条 地方各级人民政府和有关部门应当采取措施，发展城乡社区养老服务，鼓励、扶持专业服务机构及其他组织和个人，为居家的老年人提供生活照料、紧急救援、医疗护理、精神慰藉、心理咨询等多种形式的服务。

对经济困难的老年人，地方各级人民政府应当逐步给予养老服务补贴。

第三十八条 地方各级人民政府和有关部门、基层群众性自治组织，应当将养老服务设施纳入城乡社区配套设施建设规划，建立适应老年人需要的生活服务、文化体育活动、日间照料、疾病护理与康复等服务设施和网点，就近为老年人提供服务。

发扬邻里互助的传统，提倡邻里间关心、帮助有困难的老年人。

鼓励慈善组织、志愿者为老年人服务。倡导老年人互助服务。

第三十九条 各级人民政府应当根据经济发展水平和老年人服务需求，逐步增加对养老服务的投入。

各级人民政府和有关部门在财政、税费、土地、融资等方面采取措施，鼓励、扶持企业事业单位、社会组织或者个人兴办、运营养老、老年人日间照料、老年文化体育活动等设施。

第四十条 地方各级人民政府和有关部门应当按照老年人口比例及分布情况，将养老服务设施建设纳入城乡规划和土地利用总体规划，统筹安排养老服务设施建设用地及所需物资。

公益性养老服务设施用地，可以依法使用国有划拨土地或者农民集体所有的土地。

养老服务设施用地，非经法定程序不得改变用途。

第四十一条 政府投资兴办的养老机构，应当优先保障经济困难的孤寡、失能、高龄等老年人的服务需求。

第四十二条 国务院有关部门制定养老服务设施建设、养老服务质量和养老服务职业等标准，建立健全养老机构分类管理和养老服务评估制度。

各级人民政府应当规范养老服务收费项目和标准，加强监督和管理。

第四十三条 设立公益性养老机构，应当依法办理相应的登记。

设立经营性养老机构，应当在市场监督管理部门办理登记。

养老机构登记后即可开展服务活动，并向县级以上人民政府民政部门备案。

第四十四条 地方各级人民政府加强对本行政区域养老机构管理工作的领导，建立养老机构综合监管制度。

县级以上人民政府民政部门负责养老机构的指导、监督和管理，其他有关部门依照职责分工对养老机构实施监督。

第四十五条 县级以上人民政府民政部门依法履

行监督检查职责，可以采取以下措施：

（一）向养老机构和个人了解情况；

（二）进入涉嫌违法的养老机构进行现场检查；

（三）查阅或者复制有关合同、票据、账簿及其他有关资料；

（四）发现养老机构存在可能危及人身健康和生命财产安全风险的，责令限期改正，逾期不改正的，责令停业整顿。

县级以上人民政府民政部门调查养老机构涉嫌违法的行为，应当遵守《中华人民共和国行政强制法》和其他有关法律、行政法规的规定。

第四十六条 养老机构变更或者终止的，应当妥善安置收住的老年人，并依照规定到有关部门办理手续。有关部门应当为养老机构妥善安置老年人提供帮助。

第四十七条 国家建立健全养老服务人才培养、使用、评价和激励制度，依法规范用工，促进从业人员劳动报酬合理增长，发展专职、兼职和志愿者相结合的养老服务队伍。

国家鼓励高等学校、中等职业学校和职业培训机构设置相关专业或者培训项目，培养养老服务专业人才。

第四十八条 养老机构应当与接受服务的老年人或者其代理人签订服务协议，明确双方的权利、义务。

养老机构及其工作人员不得以任何方式侵害老年人的权益。

第四十九条 国家鼓励养老机构投保责任保险，鼓励保险公司承保责任保险。

第五十条 各级人民政府和有关部门应当将老年医疗卫生服务纳入城乡医疗卫生服务规划，将老年人健康管理和常见病预防等纳入国家基本公共卫生服务项目。鼓励为老年人提供保健、护理、临终关怀等服务。

国家鼓励医疗机构开设针对老年病的专科或者门诊。

医疗卫生机构应当开展老年人的健康服务和疾病防治工作。

第五十一条 国家采取措施，加强老年医学的研究和人才培养，提高老年病的预防、治疗、科研水平，促进老年病的早期发现、诊断和治疗。

国家和社会采取措施，开展各种形式的健康教育，普及老年保健知识，增强老年人自我保健意识。

第五十二条 国家采取措施，发展老龄产业，将老龄产业列入国家扶持行业目录。扶持和引导企业开发、生产、经营适应老年人需要的用品和提供相关的服务。

第五章 社会优待

第五十三条 县级以上人民政府及其有关部门根据经济社会发展情况和老年人的特殊需要，制定优待老年人的办法，逐步提高优待水平。

对常住在本行政区域内的外埠老年人给予同等优待。

第五十四条 各级人民政府和有关部门应当为老年人及时、便利地领取养老金、结算医疗费和享受其他物质帮助提供条件。

第五十五条 各级人民政府和有关部门办理房屋权属关系变更、户口迁移等涉及老年人权益的重大事项时，应当就办理事项是否为老年人的真实意思表示进行询问，并依法优先办理。

★ **第五十六条** 老年人因其合法权益受侵害提起诉讼交纳诉讼费确有困难的，可以缓交、减交或者免交；需要获得律师帮助，但无力支付律师费用的，可以获得法律援助。

鼓励律师事务所、公证处、基层法律服务所和其他法律服务机构为经济困难的老年人提供免费或者优惠服务。

★ **第五十七条** 医疗机构应当为老年人就医提供方便，对老年人就医予以优先。有条件的地方，可以为老年人设立家庭病床，开展巡回医疗、护理、康复、免费体检等服务。

提倡为老年人义诊。

★ **第五十八条** 提倡与老年人日常生活密切相关的服务行业为老年人提供优先、优惠服务。

城市公共交通、公路、铁路、水路和航空客运，应当为老年人提供优待和照顾。

★ **第五十九条** 博物馆、美术馆、科技馆、纪念馆、公共图书馆、文化馆、影剧院、体育场馆、公园、旅游景点等场所，应当对老年人免费或者优惠开放。

第六十条 农村老年人不承担兴办公益事业的筹劳义务。

第六章　宜居环境

第六十一条　国家采取措施，推进宜居环境建设，为老年人提供安全、便利和舒适的环境。

第六十二条　各级人民政府在制定城乡规划时，应当根据人口老龄化发展趋势、老年人口分布和老年人的特点，统筹考虑适合老年人的公共基础设施、生活服务设施、医疗卫生设施和文化体育设施建设。

第六十三条　国家制定和完善涉及老年人的工程建设标准体系，在规划、设计、施工、监理、验收、运行、维护、管理等环节加强相关标准的实施与监督。

★★ **第六十四条**　国家制定无障碍设施工程建设标准。新建、改建和扩建道路、公共交通设施、建筑物、居住区等，应当符合国家无障碍设施工程建设标准。

各级人民政府和有关部门应当按照国家无障碍设施工程建设标准，优先推进与老年人日常生活密切相关的公共服务设施的改造。

无障碍设施的所有人和管理人应当保障无障碍设

施正常使用。

★**第六十五条** 国家推动老年宜居社区建设，引导、支持老年宜居住宅的开发，推动和扶持老年人家庭无障碍设施的改造，为老年人创造无障碍居住环境。

第七章 参与社会发展

第六十六条 国家和社会应当重视、珍惜老年人的知识、技能、经验和优良品德，发挥老年人的专长和作用，保障老年人参与经济、政治、文化和社会生活。

第六十七条 老年人可以通过老年人组织，开展有益身心健康的活动。

★**第六十八条** 制定法律、法规、规章和公共政策，涉及老年人权益重大问题的，应当听取老年人和老年人组织的意见。

老年人和老年人组织有权向国家机关提出老年人权益保障、老龄事业发展等方面的意见和建议。

第六十九条 国家为老年人参与社会发展创造条件。根据社会需要和可能，鼓励老年人在自愿和量力的情况下，从事下列活动：

（一）对青少年和儿童进行社会主义、爱国主义、集体主义和艰苦奋斗等优良传统教育；

（二）传授文化和科技知识；

（三）提供咨询服务；

（四）依法参与科技开发和应用；

（五）依法从事经营和生产活动；

（六）参加志愿服务、兴办社会公益事业；

（七）参与维护社会治安、协助调解民间纠纷；

（八）参加其他社会活动。

第七十条 老年人参加劳动的合法收入受法律保护。

任何单位和个人不得安排老年人从事危害其身心健康的劳动或者危险作业。

★ **第七十一条** 老年人有继续受教育的权利。

国家发展老年教育，把老年教育纳入终身教育体系，鼓励社会办好各类老年学校。

各级人民政府对老年教育应当加强领导，统一规划，加大投入。

第七十二条 国家和社会采取措施，开展适合老年人的群众性文化、体育、娱乐活动，丰富老年人的精神文化生活。

第八章　法律责任

★ **第七十三条**　老年人合法权益受到侵害的，被侵害人或者其代理人有权要求有关部门处理，或者依法向人民法院提起诉讼。

人民法院和有关部门，对侵犯老年人合法权益的申诉、控告和检举，应当依法及时受理，不得推诿、拖延。

第七十四条　不履行保护老年人合法权益职责的部门或者组织，其上级主管部门应当给予批评教育，责令改正。

国家工作人员违法失职，致使老年人合法权益受到损害的，由其所在单位或者上级机关责令改正，或者依法给予处分；构成犯罪的，依法追究刑事责任。

★ **第七十五条**　老年人与家庭成员因赡养、扶养或者住房、财产等发生纠纷，可以申请人民调解委员会或者其他有关组织进行调解，也可以直接向人民法院提起诉讼。

人民调解委员会或者其他有关组织调解前款纠纷

时，应当通过说服、疏导等方式化解矛盾和纠纷；对有过错的家庭成员，应当给予批评教育。

人民法院对老年人追索赡养费或者扶养费的申请，可以依法裁定先予执行。

第七十六条 干涉老年人婚姻自由，对老年人负有赡养义务、扶养义务而拒绝赡养、扶养，虐待老年人或者对老年人实施家庭暴力的，由有关单位给予批评教育；构成违反治安管理行为的，依法给予治安管理处罚；构成犯罪的，依法追究刑事责任。

第七十七条 家庭成员盗窃、诈骗、抢夺、侵占、勒索、故意损毁老年人财物，构成违反治安管理行为的，依法给予治安管理处罚；构成犯罪的，依法追究刑事责任。

第七十八条 侮辱、诽谤老年人，构成违反治安管理行为的，依法给予治安管理处罚；构成犯罪的，依法追究刑事责任。

第七十九条 养老机构及其工作人员侵害老年人人身和财产权益，或者未按照约定提供服务的，依法承担民事责任；有关主管部门依法给予行政处罚；构成犯罪的，依法追究刑事责任。

第八十条 对养老机构负有管理和监督职责的部

门及其工作人员滥用职权、玩忽职守、徇私舞弊的，对直接负责的主管人员和其他直接责任人员依法给予处分；构成犯罪的，依法追究刑事责任。

第八十一条 不按规定履行优待老年人义务的，由有关主管部门责令改正。

第八十二条 涉及老年人的工程不符合国家规定的标准或者无障碍设施所有人、管理人未尽到维护和管理职责的，由有关主管部门责令改正；造成损害的，依法承担民事责任；对有关单位、个人依法给予行政处罚；构成犯罪的，依法追究刑事责任。

第九章 附 则

第八十三条 民族自治地方的人民代表大会，可以根据本法的原则，结合当地民族风俗习惯的具体情况，依照法定程序制定变通的或者补充的规定。

第八十四条 本法施行前设立的养老机构不符合本法规定条件的，应当限期整改。具体办法由国务院民政部门制定。

第八十五条 本法自2013年7月1日起施行。

无障碍环境建设条例

（2012年6月13日国务院第208次常务会议通过　2012年6月28日中华人民共和国国务院令第622号公布　自2012年8月1日起施行）

第一章　总　　则

第一条　为了创造无障碍环境，保障残疾人等社会成员平等参与社会生活，制定本条例。

★ **第二条**　本条例所称无障碍环境建设，是指为便于残疾人等社会成员自主安全地通行道路、出入相关建筑物、搭乘公共交通工具、交流信息、获得社区服务所进行的建设活动。

第三条　无障碍环境建设应当与经济和社会发展水平相适应，遵循实用、易行、广泛受益的原则。

第四条　县级以上人民政府负责组织编制无障碍环境建设发展规划并组织实施。

编制无障碍环境建设发展规划，应当征求残疾人组织等社会组织的意见。

无障碍环境建设发展规划应当纳入国民经济和社会发展规划以及城乡规划。

第五条 国务院住房和城乡建设主管部门负责全国无障碍设施工程建设活动的监督管理工作，会同国务院有关部门制定无障碍设施工程建设标准，并对无障碍设施工程建设的情况进行监督检查。

国务院工业和信息化主管部门等有关部门在各自职责范围内，做好无障碍环境建设工作。

第六条 国家鼓励、支持采用无障碍通用设计的技术和产品，推进残疾人专用的无障碍技术和产品的开发、应用和推广。

第七条 国家倡导无障碍环境建设理念，鼓励公民、法人和其他组织为无障碍环境建设提供捐助和志愿服务。

第八条 对在无障碍环境建设工作中作出显著成绩的单位和个人，按照国家有关规定给予表彰和奖励。

第二章　无障碍设施建设

★ **第九条**　城镇新建、改建、扩建道路、公共建筑、公共交通设施、居住建筑、居住区，应当符合无障碍设施工程建设标准。

乡、村庄的建设和发展，应当逐步达到无障碍设施工程建设标准。

★ **第十条**　无障碍设施工程应当与主体工程同步设计、同步施工、同步验收投入使用。新建的无障碍设施应当与周边的无障碍设施相衔接。

★ **第十一条**　对城镇已建成的不符合无障碍设施工程建设标准的道路、公共建筑、公共交通设施、居住建筑、居住区，县级以上人民政府应当制定无障碍设施改造计划并组织实施。

无障碍设施改造由所有权人或者管理人负责。

★★ **第十二条**　县级以上人民政府应当优先推进下列机构、场所的无障碍设施改造：

（一）特殊教育、康复、社会福利等机构；

（二）国家机关的公共服务场所；

（三）文化、体育、医疗卫生等单位的公共服务场所；

（四）交通运输、金融、邮政、商业、旅游等公共服务场所。

第十三条 城市的主要道路、主要商业区和大型居住区的人行天桥和人行地下通道，应当按照无障碍设施工程建设标准配备无障碍设施，人行道交通信号设施应当逐步完善无障碍服务功能，适应残疾人等社会成员通行的需要。

第十四条 城市的大中型公共场所的公共停车场和大型居住区的停车场，应当按照无障碍设施工程建设标准设置并标明无障碍停车位。

无障碍停车位为肢体残疾人驾驶或者乘坐的机动车专用。

第十五条 民用航空器、客运列车、客运船舶、公共汽车、城市轨道交通车辆等公共交通工具应当逐步达到无障碍设施的要求。有关主管部门应当制定公共交通工具的无障碍技术标准并确定达标期限。

第十六条 视力残疾人携带导盲犬出入公共场所，应当遵守国家有关规定，公共场所的工作人员应当按照国家有关规定提供无障碍服务。

第十七条 无障碍设施的所有权人和管理人，应当对无障碍设施进行保护，有损毁或者故障及时进行维修，确保无障碍设施正常使用。

第三章　无障碍信息交流

第十八条　县级以上人民政府应当将无障碍信息交流建设纳入信息化建设规划，并采取措施推进信息交流无障碍建设。

★ **第十九条**　县级以上人民政府及其有关部门发布重要政府信息和与残疾人相关的信息，应当创造条件为残疾人提供语音和文字提示等信息交流服务。

★ **第二十条**　国家举办的升学考试、职业资格考试和任职考试，有视力残疾人参加的，应当为视力残疾人提供盲文试卷、电子试卷，或者由工作人员予以协助。

★ **第二十一条**　设区的市级以上人民政府设立的电视台应当创造条件，在播出电视节目时配备字幕，每周播放至少一次配播手语的新闻节目。

公开出版发行的影视类录像制品应当配备字幕。

★ **第二十二条**　设区的市级以上人民政府设立的公共图书馆应当开设视力残疾人阅览室，提供盲文读物、有声读物，其他图书馆应当逐步开设视力残疾人阅览室。

第二十三条 残疾人组织的网站应当达到无障碍网站设计标准，设区的市级以上人民政府网站、政府公益活动网站，应当逐步达到无障碍网站设计标准。

★ **第二十四条** 公共服务机构和公共场所应当创造条件为残疾人提供语音和文字提示、手语、盲文等信息交流服务，并对工作人员进行无障碍服务技能培训。

第二十五条 举办听力残疾人集中参加的公共活动，举办单位应当提供字幕或者手语服务。

第二十六条 电信业务经营者提供电信服务，应当创造条件为有需求的听力、言语残疾人提供文字信息服务，为有需求的视力残疾人提供语音信息服务。

电信终端设备制造者应当提供能够与无障碍信息交流服务相衔接的技术、产品。

第四章 无障碍社区服务

第二十七条 社区公共服务设施应当逐步完善无障碍服务功能，为残疾人等社会成员参与社区生活提供便利。

第二十八条 地方各级人民政府应当逐步完善报警、医疗急救等紧急呼叫系统，方便残疾人等社会成员报警、呼救。

★ **第二十九条** 对需要进行无障碍设施改造的贫困家庭，县级以上地方人民政府可以给予适当补助。

第三十条 组织选举的部门应当为残疾人参加选举提供便利，为视力残疾人提供盲文选票。

第五章 法律责任

第三十一条 城镇新建、改建、扩建道路、公共建筑、公共交通设施、居住建筑、居住区，不符合无障碍设施工程建设标准的，由住房和城乡建设主管部门责令改正，依法给予处罚。

第三十二条 肢体残疾人驾驶或者乘坐的机动车以外的机动车占用无障碍停车位，影响肢体残疾人使用的，由公安机关交通管理部门责令改正，依法给予处罚。

★★ **第三十三条** 无障碍设施的所有权人或者管理人对无障碍设施未进行保护或者及时维修，导致无法正常使用的，由有关主管部门责令限期维修；造成使用人人身、财产损害的，无障碍设施的所有权人或者管理人应当承担赔偿责任。

第三十四条 无障碍环境建设主管部门工作人员滥用职权、玩忽职守、徇私舞弊的，依法给予处分；构成犯罪的，依法追究刑事责任。

第六章 附 则

第三十五条 本条例自2012年8月1日起施行。

附录二　实用图表

无障碍环境建设的原则	安全便利
	实用易行
	广泛受益
无障碍环境建设的政府职责	县级以上人民政府应当统筹协调和督促指导有关部门在各自职责范围内做好无障碍环境建设工作。
	县级以上人民政府住房和城乡建设、民政、工业和信息化、交通运输、自然资源、文化和旅游、教育、卫生健康等部门应当在各自职责范围内，开展无障碍环境建设工作。
	乡镇人民政府、街道办事处应当协助有关部门做好无障碍环境建设工作。
残疾人联合会、老龄协会等组织的协助义务	残疾人联合会、老龄协会等组织依照法律、法规以及各自章程，协助各级人民政府及其有关部门做好无障碍环境建设工作。
无障碍设施的建设	新建、改建、扩建的居住建筑、居住区、公共建筑、公共场所、交通运输设施、城乡道路等，应当符合无障碍设施工程建设标准。
	无障碍设施应当与主体工程同步规划、同步设计、同步施工、同步验收、同步交付使用，并与周边的无障碍设施有效衔接、实现贯通。
	无障碍设施应当设置符合标准的无障碍标识，并纳入周边环境或者建筑物内部的引导标识系统。

续表

无障碍设施的改造	对既有的不符合无障碍设施工程建设标准的居住建筑、居住区、公共建筑、公共场所、交通运输设施、城乡道路等，县级以上人民政府应当根据实际情况，制定有针对性的无障碍设施改造计划并组织实施。
	无障碍设施改造由所有权人或者管理人负责。所有权人、管理人和使用人之间约定改造责任的，由约定的责任人负责。
	不具备无障碍设施改造条件的，责任人应当采取必要的替代性措施。

ISBN 978-7-5216-3616-1

9 787521 636161 >

定 价: 25.00元

图书在版编目（CIP）数据

中华人民共和国无障碍环境建设法：大字学习版 / 中国法制出版社编. —北京：中国法制出版社，2023.7
（法律法规大字学习版）
ISBN 978-7-5216-3616-1

Ⅰ.①中… Ⅱ.①中… Ⅲ.①残疾人-城市道路-城市建设-法规-中国②残疾人-城市公用设施-城市建设-法规-中国③残疾人住宅-城市建设-法规-中国 Ⅳ.①D922.182.3

中国国家版本馆CIP数据核字（2023）第106802号

责任编辑：潘环环　　　　封面设计：李　宁

中华人民共和国无障碍环境建设法：大字学习版

ZHONGHUA RENMIN GONGHEGUO WUZHANG'AI HUANJING JIANSHEFA: DAZI XUEXIBAN

编者/中国法制出版社
经销/新华书店
印刷/三河市国英印务有限公司
开本/880毫米×1230毫米　32开　　印张/5.5　字数/91千
版次/2023年7月第1版　　2023年7月第1次印刷

中国法制出版社出版
书号 ISBN 978-7-5216-3616-1　　定价：25.00元

北京市西城区西便门西里甲16号西便门办公区
邮政编码：100053　　传真：010-63141600
网址：http://www.zgfzs.com　　编辑部电话：010-63141813
市场营销部电话：010-63141612　　印务部电话：010-63141606

（如有印装质量问题，请与本社印务部联系。）